思考のスイッチを入れる

授業の基礎・基本

鈴木健二

日本標準

まえがき

　ある小学校の算数の研究授業を参観しました。
　数年間，算数の研究を積み重ねてきたという学校です。
　ところが，その授業は数年間の積み重ねを感じさせるものではありませんでした。
　研究協議会も行われましたが，なぜ授業がうまくいかなかったのかを指摘することができる教師がほとんどいなかったのです。
　どうしてでしょうか。
　それは，
「授業の基礎・基本が理解されていない」
からです。
　どれだけの研究を積み重ねたとしても，授業の基礎・基本からずれたところで協議しているかぎり，授業の根本的な改善にはつながらないのです。

　ある中学校で，すべての学級の授業を参観して気づいたことを指摘してほしいという依頼を受けました。
　国語，数学，社会，理科……。
　いろいろな教科の授業を参観しました。
　そこで見たのは，次のような教師の姿でした。
　・一方的に説明しているだけの教師
　・授業に参加していない生徒がいてもまったく意に介さない教師
　・蚊の鳴くような声で音読している生徒がいても指導しない教師
　ここでも欠けているのは，授業の基礎・基本です。

　このような現状を改善することができるのでしょうか。
　大丈夫です。
　きちんとした授業の基礎・基本を積み重ねていけば，授業は確実に変わり

ます。子どもの思考のスイッチを入れる，知的な授業を実現することができるのです。
　「子どもの思考のスイッチを入れる授業の基礎・基本を明らかにして，授業改善に本気で取り組む教師を応援したい！」
　このような思いから生まれたのが本書です。
　本書の構成は次のようになっています。

　　第Ⅰ章　おもしろがる　〜教材研究のコツ〜
　　第Ⅱ章　思考のスイッチを入れる　〜授業構成のコツ〜
　　第Ⅲ章　子どもの発想を生かす　〜授業展開のコツ〜
　　第Ⅳ章　授業の質を高める　〜ビデオを活用した授業改善のコツ〜

　特に第Ⅳ章では，若い教師の授業ビデオをもとに，子どもの思考のスイッチを入れるための授業改善のコツを授業展開に沿って具体的に示しました。

　若い教師からベテランの教師まで役立つ授業づくりのコツを書いたつもりです。
　本書が，本気で「子どもの思考のスイッチを入れたい」と願う教師の参考になればと願っています。

目　次

まえがき　3

第Ⅰ章　おもしろがる ～教材研究のコツ～……………………………………9

1 だれも知らなかった教科書活用術　10
　1　教科書はおもしろい　10
　2　意味づけすると見えてくる　12
　3　見出しがキーポイント　14
　4　イラストに注目しよう　16
　5　さりげない文章がおもしろい　18
　6　関連を発見しよう　20

2 見方ひとつで変わる教材発見術　22
　1　世の中は素材であふれている　22
　2　ポスターはすぐれモノ教材　24
　3　絵本はすごい　26
　4　テレビのワンシーンが使える　28
　5　書名が大切　30

3 教材を「授業で使える化」する　32
　1　ねらいを焦点化する　32
　2　教師自身がやってみる　34
　3　できるだけ多くの発問を考える　36
　4　言葉の意味を掘り下げる　38

　column　kenji's Talk 1　何気ないことに気づく感性　40

第Ⅱ章　思考のスイッチを入れる 〜授業構成のコツ〜 …………… 41

1 思考のスイッチを入れる　42
　1　解きたい気持ちを高めよう　42
　2　謎解きでわくわく　44
　3　教科書がまちがっている？　46
　4　発見させる発問・指示　48
　5　学習活動の意味を考える　50
　6　使える指導案をつくる　52

2 学習のフロー状態をつくる　54
　1　ドキッとさせる　54
　2　驚きを生み出す　56
　3　思いがけないことを問う　58
　4　ビフォー・アフターで疑問を引き出す　60

5　資料で引きつける　62

　　6　学びを確認する　64

　　7　板書で勝負する　66

　　8　読みたい・見たい気持ちを高める　68

　　column　kenji's Talk 2　先入観を捨てる　70

第Ⅲ章　子どもの発想を生かす　～授業展開のコツ～ ……………… 71

❶ 授業のキモ，切り返し　72

　　1　つぶやきをひろう　72

　　2　子どもにヒントを出させる　74

　　3　子どもに教えられる　76

　　4　ささやかな動きをキャッチする　78

　　5　ユニークな考えを生かす　80

　　6　マイナスの状況を活用する　82

❷ ひとつの指導をすべてに生かす　84

　　1　発言を意味づける　84

　　2　すべてを受け止める　86

　　3　変容を波及させる　88

　　4　無駄な時間をつくらない　90

第Ⅳ章　授業の質を高める ～ビデオを活用した授業改善のコツ～ ……… 93

1 授業を「メタ化」する　94
 1　「自分はこうやっている」授業への思い込み　94
 2　「客観的」な視点で授業を見直す　96
 3　授業の細部まで学ぶ　98

2 授業を変える５つのチェックポイント　100
 1　授業開始・最初の一言　100
 2　教師の立ち位置・姿勢　102
 3　発問・指示　104
 4　授業の山場　106
 5　終末・まとめ　108

あとがき　111

第 I 章　おもしろがる

～教材研究のコツ～

1. だれも知らなかった教科書活用術
2. 見方ひとつで変わる教材発見術
3. 教材を授業で「使える化」する

1 だれも知らなかった教科書活用術

1 教科書はおもしろい

「研究授業をするので授業づくりの相談に乗ってほしい」という教師がときどき研究室を訪ねてきます。そのとき必ず「教科書を持ってきてください」というお願いをします。

教材研究の第一歩は、

● 教科書をきちんと読み取ること（教科書研究）

だからです。

研究室にやってきた教師に対して、最初に「教科書（授業で扱う学習内容に該当する部分）のどこがおもしろいですか」という質問をします。ほとんどの教師は、きょとんとしています。「教科書がおもしろい！」なんて考えたことがないからです。

しかし、教科書をきちんと読み取ると、おもしろい部分がいくつも発見できるようになります。

「自動車をつくる工業」という単元があります[1]。

1時間の授業で扱う見開き2ページに、2枚の写真が大きく掲載されています。

教科書をおもしろいと思っていない教師は、この写真をただの飾りくらいにしか考えていません。ですから、授業で使えるおもしろい教材であることにも気づかないのです。

〈教科書の写真を細分化して見る〉

1枚目の写真は、自動車販売店を訪れた4人の子どもたちの写真です[2]。

子どもたちをよく見ると、「HYBRID」のプレートを指さしている子、カタロ

グを見ながら受付の女性に何か聞いている子，整備の男性と何か話している子，車の後方上部から何かを眺めている子など，四者四様？なのです。販売店の従業員も，受付と整備という職種のちがう2人が入れてあります。

　写真1枚でもこのように細分化して見ていくと，実に工夫されて構成されていることが見えてきます（細分化することは，教科書研究の重要なポイントの1つです→次ページ参照）

　では，どのように活用したらいいのでしょうか。

　たとえば，4人の子どもたちに吹き出しをつけて，

発問 どんなことを話しているのでしょう。

と問いかけてみてはどうでしょうか。

　「"HYBRID"って何かな」

　「同じ車でも，こんなにたくさんの種類があるんですか」

　「この車のいちばんすごいところはどんなところですか」

などというさまざまな考えが出されるでしょう。

　2枚目の写真は，ボンネットの中を見ている写真です。

　ここでも，次のような問いかけが考えられます。

発問 何を発見したのでしょうか。

　この問いかけによって，

　「エンジンの秘密を何か発見したのでは？」

　「いろいろな部品を発見したのでは？」

などという考えが出されるでしょう。

　このようなやりとりによって，細かな部分に目を向けて何かを発見しようとする意識が高まり，見学のときにも生きる力になるのです。

> **教科書活用のポイント**
> - 教材研究の第一歩は，教科書研究です。
> - 教科書を見たら，どこがおもしろいかを考えましょう。
> - 写真1枚，文章1つからでもおもしろさを発見することができます。おもしろさを発見したら，授業もおもしろくなるのです。

1）東京書籍『新編 新しい社会5上』（平成22年2月発行）　2）上掲イラストは，教科書の写真をもとに作成

1　だれも知らなかった教科書活用術

2　意味づけすると見えてくる

　教科書研究の基本的なステップは，次の3つです。

- ステップ1　構成要素を見抜く
- ステップ2　構成要素を意味づける
- ステップ3　構成要素を関連づける

　教科書は，いろいろな要素から構成されています。
　見出し，写真，イラスト，キャラクター，吹き出し，グラフ，図などなど……。
　これらの要素をできるだけ細分化して分けることが「構成要素を見抜く」（ステップ1）です。なぜできるだけ細分化するのでしょうか。それは，大切な要素を見逃さないようにするためです。キャラクターが話している吹き出しの中の言葉も大切な構成要素だと意識すると，授業に使えることに気づくことができるようになります。

　たとえば，前ページで紹介した教科書では，キャラクターの「のび太」に次のように語らせています。
　「原材料を製品に変えるマジックボックスが工業なんだ！」
　実におもしろいセリフです。
　「マジックボックス」という言葉は，本文のどこにも使われていません。のび太だけが言っている言葉なのです。
　「なぜ，のび太にこんなセリフを言わせているのだろうか」
　このように考えることが，「構成要素を意味づけする」（ステップ2）ということです。自分なりの意味づけでいいのです。構成要素を見ながら，自分なりに「なぜ」と考える作業が大切なのです。このような作業を続けていくうちに，教科書がおもしろく見えるようになってくるはずです。

「マジックボックス」という言葉は，工業の本質をうまく言い表しています。

原材料を見ただけでは，それがどのような工業製品になるのか，見当がつきません。

しかし，工業というマジックボックスを通過すると，自動車やテレビ，家具など，私たちの生活に欠かせない大切な製品に姿を変えるのです。

このようなことが見えてくると，のび太のセリフを授業で使わないのはもったいないと思えてきます。

のび太のセリフを子どもたちに示して，次のように問いかけます。

発問 のび太のセリフは，どういう意味でしょうか。

発問 工業というマジックボックスの秘密を探ってみたいですか。

のび太のセリフを一工夫して活用することによって，子どもたちは，工業というマジックボックスの謎を解き明かしていきたいという意欲をもつのです。

このページには，次のような解説もあります。

「工業　自然のものに道具や機械を使って手を加え，形や性質を変えて人の役に立つものをつくる産業のことです」

細分化すると，この解説をどのように活用すればいいかを考えるようになります。そうすると，子どもたちにとって理解が難しい「性質」という言葉に気づきます。

この言葉に気づくと，次のような発問が浮かんできます。

発問 「性質を変える」とはどういうことでしょうか。

この発問によって，工業の概念を子どもたちにとらえさせることができるのです。→「ステップ3　構成要素を関連づける」は21ページ参照

教科書活用のポイント

- 構成要素に分けたら，自分なりの意味づけをしてみましょう。
- 意味づけするときのキーワードは「なぜ？」です。
- 「なぜ，この写真があるのだろう」「なぜ，こんな言葉を使っているんだろう」このように考えていくうちに，教科書の意図が見えてきます。見えてきたことを活用して，おもしろい授業をつくりましょう。

■1　だれも知らなかった教科書活用術

3　見出しがキーポイント

　教科書には，見出しがつけられています。
「春から夏へ」（国語）[1]
「元の大軍がせめてくる」（社会）[2]
「べつべつに，いっしょに」（算数）[3]
「ふりこのきまり」（理科）[4]
　これらの見出しを重視している教師は少ないように思えます。
　板書するときに，まったく見出しの言葉を書いていなかったり，別の表現に変えてしまったりしている授業をよく目にします。
　しかし，見出しはただの飾りではありません。

> ●学習内容を凝縮してシンプルに表現している言葉

なのです。
　作家は，小説のタイトルをつけるために，かなり苦労しているはずです。教科書も同じなのです。

　「春から夏へ」というのは，季節の言葉を扱った小さな単元です。見開き2ページに俳句や歌（「夏は来ぬ」），季語などが写真とともにいろいろ紹介されています。この授業を参観したのですが，「春から夏へ」という言葉は板書されませんでした。
　しかし，とても重要な見出しです。「春から夏へ」と移り変わる季節の言葉がたくさん紹介されているのですから。
　「春から夏へ」と板書して，次のように問いかけてはどうでしょうか。
　発問　「春と夏」と「春から夏へ」はどのようにちがいますか。
　発問　「春から夏へ」とは，何月頃のことですか。
　発問　「ここから夏になった！」とはっきり言うことができますか。

このように問いかけるだけで，子どもたちは「春から夏へ」の意味を考えはじめるでしょう。「春から夏へ」の意味を考えながら，ここに取り上げられている季節の言葉を学ぶことが大切な学習なのです。

　見出しが重要な意味をもっていることに気づいたら，授業プランにも反映されます。

　次のような発問が浮かんできます。

発問 （「夏は来ぬ」を読んだ後）夏は来たのですか。それとも来ていないのですか。

発問 「夏は来ぬ」に歌われているのは，春から夏へのどのあたりですか。

発問 3つの俳句を，春から夏へ向けて順番に並べましょう。

発問 （「春から夏へ」で紹介されている12個の季語を並べて）気づいたことは何ですか。

　子どもたちは，日本人の季節に対する感受性がいかに豊かであるかを感じることでしょう。

　「べつべつに，いっしょに」も見出しの重要性に気がつけば，活用の仕方を考えるようになります。そうすると，次のようは発問が浮かんできます。

発問 「べつべつに，いっしょに」とは，どういうことでしょうか。今日の勉強をしているうちに，どういう意味なのかわかってきます。だれが一番最初に気づくでしょうか。

　このような発問をすることによって，子どもたちは「べつべつに，いっしょに」という言葉を意識して授業に臨むようになります。

　見出しがキーポイントであることに気づけば，授業は確実に変わります。

> **教科書活用のポイント**
> - 見出しは飾りではありません。学習内容がギュッと凝縮された言葉です。
> - 見出しを上手に活用すれば，一段深い授業をつくることができるようになるのです。

1）光村図書『国語五 銀河』（平成23年2月発行）　2）東京書籍『新編 新しい社会6年上』（平成27年2月発行）　3）啓林館『わくわく算数3下』（平成27年5月発行）　4）東京書籍『新編 新しい理科5年』（平成27年2月発行）

1 だれも知らなかった教科書活用術

4 イラストに注目しよう

　教科書には，さまざまなイラストが使われています。
　たとえば，算数では，問題といっしょに問題場面をイメージしやすくするためにイラストが使われていることが多いようです。しかし，せっかくのイラストをうまく活用している教師は少ないようです。特に高学年になると，イラストにはほとんどふれることなく，いきなり問題の提示から授業が始まることも少なくありません。
　イラストはただの飾りではありません。子どもたちの興味を喚起したり，問題意識を高めるための工夫がしてあるのです。
　ですから，このような授業場面を目にすると，もったいないなあと思います。

> ●イラストに注目して一工夫すれば，問題に向かう子どもたちの意識を前向きにできる

のです。

　小学6年の算数で，次のような問題が出されていました[1]。

> 1 dLで $\frac{4}{5}$ ㎡ぬれるペンキがあります。
> 2 dL，3 dLのペンキでは，それぞれ何㎡ぬれますか。

　多くの授業では，いきなりめあてと問題が板書されます。
　子どもたちはほとんど興味をもつこともなく問題に取り組むことになります。教師の役割は，子どもたちに問題への興味をもたせ，解いてみたい，と思わせることです。そこで活用したいのが，イラストです。
　この問題には，かべにペンキを塗るイラストが掲載されています。
　イラストに注目すると，どのように活用すればいいかを考えるようになります。そうすると，授業のアイデアが浮かんでくるようになるのです。

たとえば，最初にかべにペンキを塗るイラストだけを提示します。そして，
[発問] 何をしているのでしょうか。
[発問] どんな問題が出されそうですか。
と問いかけるのです。

子どもたちからは，次のような予想が出されるでしょう。
「かべにペンキを塗っている」
「ペンキを塗るのに何分かかったか」
「1缶でどれくらい塗ることができるか」
予想すると，当然どんな問題が出されているのか，知りたくなります。
知りたくなったところで問題が示されれば，意欲的に読むのです。
何の興味もないのに，教師から一方的に問題を示されて受動的に読むよりも，問題に興味をもってから能動的に読むのでは，思考の状態が大きく変わってくるはずです。

「わたしたちの生活と工業生産」[2]には，単元の最初のページに，いろいろな工業製品（パソコン，鉄板，ノート，薬，スナック菓子など）のイラストが示してあります。このイラストも一工夫すれば，授業がおもしろくなります。
工業製品という言葉を隠して子どもたちに提示し，次のように問うのです。
[発問] 工業製品はどれでしょう。
いくつかのものは工業製品ではないと考える子どももいるでしょう。どれが工業製品かを話し合うことによって，この単元にとって大切な意識が芽生えてくるのです。
イラストをうまく活用して，子どもたちの学習意欲を高めましょう。

> **教科書活用のポイント**
> ● イラストは子どもたちの学習意欲を高める重要な要素です。
> ● イラストを活用して，問題を予想させたり，判断させたりしてみましょう。子どもたちはいつの間にか授業に引き込まれていることでしょう。

1）啓林館『わくわく算数6』（平成27年2月発行）　2）東京書籍『新編 新しい社会5上』（平成27年2月発行）

1 だれも知らなかった教科書活用術

5 さりげない文章がおもしろい

　教科書の文章は淡々としていて，あまりおもしろいとは思われていないようです。しかし，それは大きな勘違いなのです。淡々としたさりげない文章の中に，おもしろさが隠れているのです。
　大切なのは，

> ● 「おもしろさを発見しよう」という意識をもつ

ことです。

　社会科の教科書には，子どもの発言が掲載してあります。
　たとえば「自動車をつくる工業」の単元に掲載されている次のような発言です[1]。

> A「目的によって選ぶ車も変わってくるよ。この車，環境にやさしい車っていうけれど，何が今までの車とちがうのかな。」
> B「どの車にするか決まったら，細かいことまで注文できるんだよ。車の色からシートの生地まで，買う人が選んだものを工場に発注してくれるんだ。」
> C「はん売店の人にボンネットを開けて，中を見せてもらったよ。とてもたくさんの部品があるんだね。」
>
> ※A, B, Cは筆者が追記

　ほとんどの教師は，このような子どもの発言を授業で取り上げません。
　これらの発言に，授業を展開するときの重要なヒント（おもしろさ）が含まれていることに気づかないからです。
　このようなさりげない文章のどこがおもしろいのでしょうか。
　Aの発言は，発見と疑問から成り立っています。

|発見| 目的によって選ぶ車も変わってくるよ。
|疑問| この車，環境にやさしい車っていうけれど，何が今までの車とちがうのかな。

Bの発言は，2つの発見から成り立っています。

|発見①| どの車にするか決まったら，細かいことまで注文できるんだよ。
|発見②| 車の色からシートの生地まで，買う人が選んだものを工場に発注してくれるんだ。

発見①は注文の概要を述べ，発見②で「細かいこと」の具体的な内容にまで言及しています。

Cの発言は，驚きが素直に表現されています。

|驚き| とてもたくさんの部品があるんだね。

見たことを当たり前ととらえるのではなく，素直に驚くことから新たな追究の視点が見つかります。

これらの発言から，子どもたちは，自動車販売店で発見した内容を，どのように発展させればいいかを学ぶことができるのです。

このようなことに気づけば，次のような授業を展開することができるようになります。

|発問| Aの発言，Bの発言で，いいなあと思うのはどんなところですか。
|発問| どの発言がレベルの高い発言だと思いますか。
|発問| 君たちが自動車販売店を見学したとき，これ以上の発見や疑問を出すことができるでしょうか。

教科書のさりげない文章からおもしろさを発見すれば，子どもたちを鍛える授業ができるようになるのです。

> **教科書活用のポイント**
> ● 教科書の文章をおもしろがりましょう。
> ● さりげない文章から，授業づくりの重要なヒントを発見することができます。その発見が，子どもたちを鍛える授業につながります。

1）東京書籍『新編 新しい社会5上』（平成22年2月発行）

1　だれも知らなかった教科書活用術

6　関連を発見しよう

　教科書の構成要素は，いろいろな形で関連しあっています。その関連を発見すると，授業はさらにおもしろくなります。
　「武士の世の中へ」という単元があります[1]。
　その単元に「元の大軍がせめてくる」という学習内容があります。
　まずは，教科書研究の基本をもとに，どのような要素で構成されているかを考えます。

● ステップ1　構成要素を見抜く

見開き2ページが，次のような要素で構成されていました。

① 元とのたたかいの図
② 北条時宗の肖像画
③ モンゴルの広がりを示す地図
④ 元軍の進路図
⑤ 防塁の写真
⑥ 守りに向かう武士たちの図
⑦ 海上の戦いの図
⑧ 元軍の船体の一部の写真
⑨ 恩賞を求める竹崎季長の図　など

〈教科書誌面の構成要素を見抜く〉

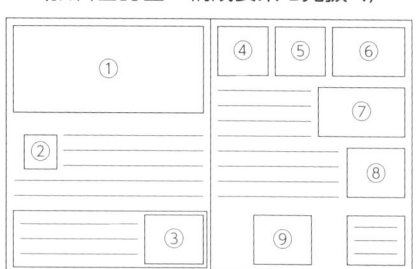

次に，構成要素の意味づけを行うために，「なぜ？」で考えていきます。

● ステップ2　構成要素を意味づける

「なぜ元とのたたかいの図が，これほど大きく掲載されているのか」
「なぜ船の大きさが圧倒的にちがう海上のたたかいの図が掲載されているのか」
「なぜモンゴルの広がりを示す世界地図が掲載されているのか」

このように「なぜ」で構成要素を意味づける作業を行っていくうちに，要素間の関連を発見できるようになってきます

●ステップ3　構成要素を関連づける

この場合には，次のような関連を発見しました。
「それぞれの要素が示しているのは，元の強さである」
　関連が発見できると，授業構成で最も大切にしなければならない問いにつながっていきます。それが、
　「元の強さがわかるのはどこですか」
という問いでした。
　この問いによって，子どもたちは教師の予想を上回る証拠を発見しました。
　特に驚いたのは，「防塁の写真」を証拠として挙げてきた子どもの発言でした。
　その子どもは，次のように発言しました。
「防塁をこれだけ築くということは，それだけ元の力が強いことを示す証拠です」
　元の攻撃力の強さ（国土の広さ，船の大きさ，強力な武器など）を証拠のメインとして考えていた私にとって，守りを重視する視点はとても新鮮でした。
　発見した関連を大切にして授業を構成することの効果を感じた瞬間でした。
　以上のように，教科書研究の3つのステップを活用することによって，1つ1つの要素の重要性を発見することができるようになるのです。

> **教科書活用のポイント**
> ● 「構成要素を見抜く」「構成要素を意味づける」この2つの作業をきちんとやりましょう。
> ● これらの作業の中から，要素間の関連を発見することができます。それが，質の高い授業につながります。

1）東京書籍『新編 新しい社会6上』（平成27年2月発行）

2　見方ひとつで変わる教材発見術

1　世の中は素材であふれている

　世の中は,おもしろい素材であふれています。
　しかし,なかなか発見できないという教師が多いようです。どうしてでしょうか。
　一番大きな原因は,「おもしろいモノを発見したい!」という気持ちをもっていないことです。このような気持ちをもって身の回りを見ると,次々とおもしろい素材を発見できるようになります。質の高い素材を見つけようと焦る必要はありません。まずは,

　●「おもしろそうだな」と思った素材を手当たり次第集めていけばいい

のです。

　右の写真を見てください。
　新大阪駅の構内で発見しました。
　どこがおもしろいのでしょうか。
　そうです。トイレのピクトグラム（絵文字）がお辞儀をしているのです。
　しかも「ようおこし」という言葉までつけられています。さすが大阪,トイレのピクトグラムまで笑わせてくれるなあと感心しました。
　こういうおもしろいモノを発見すると,子どもたちと一緒に楽しみたくなってきます。次のように提示してはどうでしょうか。
　「新大阪駅でおもしろいモノを発見しました」
と言って写真を提示します。このとき,「ようおこし」は隠しておきます。
　普通のトイレのピクトグラムと比べると何かが違うと感じる子どももいる

ことでしょう。発見したことをいろいろ言わせた後,「実はこんな言葉がつけられていました」と言って「ようおこし」という言葉を見せます。多くの子どもたちは,なるほどとうなずくことでしょう。「さすが大阪はおもしろい！」「思わず笑いがこみ上げてきて楽しくなる」などという感想も出されます。ピクトグラムひとつでその場の雰囲気がずいぶん違ってくることに気づくことになるのです。

右の写真は,あるホテルに泊まったときにたまたま見かけた光景です。何をしているのだろうと思って見ていたのですが,なんと観葉植物の葉を１枚ずつ拭いていたのです。このような人によって,快適なホテルの空間が保たれているのです。

いつこんなにおもしろいモノに出合えるかわからないので,いつもデジカメを持ち歩いています。携帯のカメラよりもデジカメの方が性能が格段にいいので,質の高い教材を作るためには必須アイテムです。

このほかにも,世の中にはおもしろい素材がたくさんあふれています。

駅のポスター,パンフレット,チラシ,新聞,目撃した人物の言動,貼り紙,絵本,雑誌,映画,テレビ,ラジオ,機内誌などなど,挙げれば切りがありません。

「なるほど」と思ったら,さっそく世の中のおもしろいモノを探しに行ってみましょう。

教材発見のポイント

- 「世の中はおもしろい素材であふれている！」という意識をもちましょう。
- 少しでもおもしろいと思ったら,とりあえずストックしましょう。
- そのためにはデジカメは必須アイテムです。世の中を見る目がきっと変わってきます。

2 見方ひとつで変わる教材発見術

2　ポスターはすぐれモノ教材

　学校の掲示板には，ポスターがあふれています。
　たとえば，次のようなポスターです。
　　・「いじめをなくそう」言葉って，大事だよ。
　　・「お母さん　ありがとう」手紙コンクール
　　・ヘルプマークを知っていますか？
　もったいないことにそれらのポスターをちゃんと見ている教師はほとんどいません。ポスターの多くは，誰に活用されることもなく，はがされて捨てられるのです。しかし，ポスターは，かなりすぐれた教材なのです。少しでも効果が出るように，それなりの予算をかけ，専門家が構成を工夫して作成しているからです。ですから，

> ●ポスターに使われているキャッチコピー，写真，説明，イラストなどの１つ１つの要素には，すべて何らかの意味がある

のです。これほどまでに完成度の高い素材を活用しない手はありません。
　特におもしろいポスターを発見できる場所があります。
　それは駅です。
　毎日，朝から晩まで多くの人が行き交う場所なので，さまざまなポスターが貼られているのです。
　右のポスターは，東京駅で発見しました。
　国土交通省が行っている「鉄道利用マナーUPキャンペーン」のポスターです[1]。
　「ひと声マナー」というとてもわかりやすいキャッチコピーがつけられています。このポスターにはもう１枚，目の不自由な人を取り

上げたものがありました(76ページ参照)。2枚のポスターを眺めていると，次のような授業プランが浮かびはじめました。

①妊婦さんの写真だけ提示して，「気づいたことや考えたこと」を発表させます。
②ポスターに使われていた写真であることを知らせて，「ひと声マナー」の言葉を示し発問します。
　発問1 どんなことを呼びかけているポスターでしょうか。
③ポスター下段の3人の吹き出しの言葉だけを隠して，発問します。
　発問2 どんな「ひと声」をかけていると思いますか。
④目の不自由な人のポスターも同じように提示して，どんな「ひと声」をかけているかを考えさせた後，次の発問をします。
　発問3 「ひと声」にはどんな力があると思いますか。
⑤学級のこととして受け止めさせるために，次の発問をします。
　発問4 この学級にも「ひと声マナー」があった方がいいと思いますか。
　発問5 どんなときにどんな「ひと声」をかけますか。
⑥最後に，友だちにやさしい言葉をかけている子どもの事例を2〜3紹介して授業を終えます。

いかがでしょうか。
　たまたま駅で発見したポスターで，こんな授業プランをつくることができるのです。

> **教材発見のポイント**
> ●「ポスターはすぐれモノ教材である」という意識をもちましょう。
> ●ポスターを見かけたら，何かに使えないか，と考えてみましょう。
> ●よいポスターを発見したら，構成要素に着目して，どうしたら子どもたちが興味をもってくれるか考えてみましょう。いつの間にか授業プランが浮かびはじめるはずです。

1) 国土交通省鉄道局鉄道サービス政策室 提供

2　見方ひとつで変わる教材発見術

3　絵本はすごい

　心に響く絵と言葉で構成された絵本は，読む（見る）だけで，なんだか心があたたかくなってきます。絵本の力は本当にすごいものがあります。だから，読み聞かせをするだけでも，子どもたちは惹きつけられるのです。
　すごい力をもっている絵本をもっと効果的に活用するためには，授業プランをつくることをお勧めします。シンプルに言えば，

●絵本を読み聞かせした後，発問を1つだけするのでもいい

のです。発問することによって，子どもたちは思考せざるを得なくなります。
　思考を促すことで，絵本の重要なメッセージが子どもたちの深いところに刻み込まれるのです。

　いいなあと感じた絵本は，ぜひ1時間の授業プランを立てたいものです。
　『ねずみくんのきもち』(なかえよしを 作・上野紀子 絵，ポプラ社) もそんな絵本の1つです。
　ねこにいじわるされた「ねずみくん」が，ふくろうに「思いやり」の大切さを教わって成長するお話です。
　この絵本を活用して，次のような授業プランを考えました。

①表紙を提示して発問します。
　発問1 「ねずみくんのきもち」がわかりますか。
　ねずみくんはすましているので，気持ちを想像することは困難です。
②楽しそうにブランコで遊んでいるねずみくんの絵を示して発問します。
　発問2 「ねずみくんのきもち」がわかりますか。
　ねずみくんの表情から，うれしそう，楽しそうなどという考えが出されるでしょう。

③涙を流して悲しそうな後ろ姿のねずみくんの絵を提示して発問します。
　発問3 「ねずみくんのきもち」がわかりますか。
　悲しそうという考えが出されるでしょう。
④前記の②の絵と③の絵を並べて提示します。子どもたちは，ねずみくんに何があったのだろうという疑問をもちます。
⑤ねずみくんからブランコを横取りしようとしているねこの絵を提示すれば，子どもたちは事の顛末を想像できるでしょう。
⑥しょんぼりしているねずみくんのところへやってきたふくろうの次の言葉を示して発問します。「ねこくんはきっといちばん大切なものをわすれてしまっているんだね」
　発問4 「いちばん大切なもの」とは何でしょうか。
⑦「いちばん大切なもの」とは「思いやり」であると知らせて発問します。
　発問5 ねこは，どうして「いちばん大切なもの」を忘れてしまったのでしょう。
　この発問によって，自分の気持ちが優先されたときに，ほかの人に対する気持ちが忘れられてしまうことに気づかせます。
⑧いじわるをしたねこを，ねずみくんのガールフレンドの「ねみちゃん」がお弁当に誘う場面を提示して発問します。
　発問6 友だちのねずみくんにいじわるをしたねこなのに，どうしてねみちゃんはお弁当に誘ったのでしょうか。
⑨最後に『ねずみくんのきもち』を読み聞かせて授業を終えます。

教材発見のポイント

- 「絵本にはすごい力がある」という意識をもちましょう。
- まずは，気に入った絵本を読み聞かせて，1つだけ発問をぶつけてみましょう。このように絵本を活用しているうちに，1時間の授業プランが浮かぶようになってきます。

2 見方ひとつで変わる教材発見術

4 テレビのワンシーンが使える

　授業の素材は，いろいろなところから発見できます。
　テレビは，

> ●ドラマ，ドキュメンタリー，ニュース，CMなど，素材の宝庫

です。実にバラエティーに富んでおり，これを活用しない手はありません。

　漫才番組も素材になります。
　『第45回NHK上方漫才コンテスト』(2015年4月17日放送)という番組がありました。優勝した「アキナ」というコンビが日頃どのような努力をしているかという紹介がありました。コンビの1人は，ネタ帳を100冊以上書き続け，もう1人は，先輩の漫才を観察して研究していました。このような積み重ねが優勝をもたらしたのでしょう。何かを成し遂げるためには，見えないところでこつこつと努力をすることが大切であることを教えてくれる素材になります。
　NHKの大河ドラマも素材になります。
　『軍師官兵衛』(2014年放送)で印象に残るシーンがありました。
　それは，官兵衛の長男，松寿丸（のちの黒田長政）が出てきたシーンです。
　当時5歳の松寿丸のところに叔父が尋ねてきます。松寿丸は，遊びをやめて叔父のところに駆け寄ってきました。そして，その後，（私にとって）驚くべきシーンが展開されたのです。
　松寿丸は，叔父に向かって，実に礼儀正しいお辞儀をします。
　そして，叔父の言葉に，5歳とは思えない受け答えをするのです。
　武将の息子という環境が，そのような姿勢を育てたと思うのですが，それにしても，信じがたい5歳の姿なのです。
　このようなシーンを見ると，教材化したくなってきます。

次のような小さな授業プランを考えました（45分の授業プランを作るのはハードルが高すぎます。5分程度のプランでいいのです）。

①松寿丸が叔父に向かって礼儀正しいお辞儀と言葉遣いをする姿を見せて問いかけます。
　発問 松寿丸は何歳だと思いますか。
　態度から考えると，10歳前後かなと想像する子どもが多いでしょう。
　そこで，5歳であることを伝えます。きっと驚きが広がるでしょう。
②子どもたちの反応を見ながら問いかけます。
　発問 松寿丸より自分の方がちゃんとできていると思う人？
　おそらくほとんど手は挙がらないはずです。
　もし，手を挙げる子どもがいたら，学級全員の前で，お辞儀をやってもらいます。うまくできたら，「これから君を松寿丸と呼ぶことにしよう」と言ってほめればいいのです。だれも手を挙げなければ，「松寿丸のお辞儀に挑戦したい人はいませんか」と言って挑戦させ，松寿丸と比べてどうだったかを学級の子どもたちに評価させます。
③最後に言います。
　「今週は，松寿丸チャレンジ週間にします。誰が松寿丸に迫ることができるか楽しみです」

　このようにテレビのワンシーンを活用することによって，子どもたちの礼儀に対する意識を少しだけ変えることができるのです。

> **教材発見のポイント**
> ●テレビは実におもしろいメディアです。さりげないワンシーンのちょっとしたセリフが，思考を刺激してくれます。
> ●「いいなあ」と思ったシーンを子どもたちにぶつけてみましょう。子どもたちはきっと何かを感じてくれるはずです。

2 見方ひとつで変わる教材発見術

5 書名が大切

　自分自身が感動する本に出合ったら，その感動を子どもたちにも伝えたくなります。感動を効果的に伝えるためには，授業プランをつくることが大切です。
　授業プランをつくるにあたって，見逃しがちなのが，書名です。
　書名は，

●その本の内容を端的に表現している

のです。それにもかかわらず，書名の重要性を認識していない教師が多いのです。
　「書名を活用しよう」この意識をもつだけで，授業の質は一歩高まります。
　次の書名を見てください。
　『「悪いこと」したら，どうなるの？』（藤井誠二・武富健治 著，イースト・プレス）
　『カッコよく生きてみないか！』（齋藤孝 著，ＰＨＰ研究所）
　書名に着目するだけで，「悪いことをしたらどうなると思いますか」「カッコよく生きるってどういう生き方ですか」という問いかけをしてみたい，という気持ちがわいてきます。

　ある中学校で，『左手一本のシュート』（島沢優子 著，小学館）を活用した授業を参観しました。脳出血で右半身不随になった高校生が，どのように立ち直っていったのかを綴った本です。
　授業では，『左手一本のシュート』という書名はあまり扱われませんでした。しかし，この本の核心は，書名に込められているのです。しかも表紙の書名は，この本の主人公の高校生が書いた文字なのです。
　書名を大切にすれば，次のような授業プランを考えることができるのです。

30

①『左手一本のシュート』という書名を提示します（もちろん高校生が書いた文字で）。バスケットは，通常両手でシュートします。だから，この書名を見た子どもたちは，どういうことだろうという疑問をもちます。
②そこで，左手1本で勝負している姿を示します。書名と写真から，どんな話かを想像させます。
③内容に興味をもたせたところで，資料を配付すると，子どもたちはとても真剣に資料と向き合うことになるのです。

『だいじょうぶ　だいじょうぶ』（いとうひろし 作・絵，講談社）という絵本の書名を活用して授業の導入をつくるとしたら，どんな工夫ができるでしょうか。

①『だいじょうぶ　だいじょうぶ』の表紙を提示して，次の発問をします。
　発問1　気づいたこと, 感じたこと, はてなと思ったことがありますか。
②「だいじょうぶ」を1つ消した表紙にして発問します。
　発問2　2つの表紙を比べて，気づいたことがありますか。
この発問によって，「だいじょうぶ」が2つあることの意味を感じ取ることができるでしょう。

「書名を活用しよう」とする意識があれば，いろいろな授業のアイデアが浮かんでくるのです。

> **教材発見のポイント**
> ●「書名を活用しよう」という意識をもちましょう。
> ●書名を活用することによって，子どもたちはその本に大いに興味をもちます。
> ●子どもたちの興味が高まれば，その後の授業展開がスムーズにいくようになるのです。

3 教材を「授業で使える化」する

1 ねらいを焦点化する

授業を計画するときには,

● 本時の目標（ねらい）をできるだけ具体的に考える

ことが大切です。抽象的なねらいしか設定できていないと，授業もぼんやりとした構成になってしまうからです。

ねらいが抽象的になりがちなのが，道徳です。ある小学校の道徳の授業（2年生）を参観しました。授業のねらいは，次のように設定していました。

「みんなで使うものを大切にしようとする気持ちを養う」

どんな教材でどのような授業が展開されたのか，想像できるでしょうか。このねらいでは，なかなか難しいのではないでしょうか。

「もの」とは何なのか，どうやって「大切にしようとする気持ちを養う」のか，などということがある程度示されていないと，想像のしようがありません。

学校近くの公園の管理をしている方をゲストティーチャーに招いての授業でした。使われた教材は，公園で遊んだときの2年生の写真，公園に落ちているゴミの写真，教室に落ちているゴミの写真などです。

授業の流れは次のようになっていました。

①公園で遊んだときの写真を見て楽しかったことを思い出す。
②公園に落ちているゴミを見てどうしてこうなったのか話し合う。
③教室に落ちているゴミの様子を見て話し合う。
④ゲストティーチャーから，子どもたちの公園利用の様子や守ってほしいことについての話を聞く。
⑤本時を振り返って考えたことを書く。

指導案には，ゲストティーチャーについて，次の記述がありました。

「Uさん(指導案では本名)の話を通して,みんなの公園をきれいに使いやすくするために努力している人がいることや,その思いを知ることで,より実感をもって『みんなが使うところを大切にしよう』というねらいに近づくことができると考える」

せっかくここまで記述しているのですから,ねらいを次のように焦点化すればよかったのです。

- みんなで使う場所をいつもきれいにしておこうとがんばっている人がいることを知り,自分も気をつけて使いたいという気持ちを高める。

ねらいを焦点化すると,授業構成も変わってきます。「みんなで使う場所をいつもきれいにしておこうとがんばっている人がいること」を印象づけることが重要であることに気づくと,次のようなプランが考えられます。

①ゴミが落ちている公園の写真を示して「1つくらい落ちていてもいいんじゃないですか」と問いかけ,子どもたちから「1つでも落ちていたらだんだん汚くなる」などという声を引き出す。
②「不思議なことが起こりました」と言って,公園の写真からゴミの写真を消す。「だれか拾ったんじゃないの」という声が出てきたらUさんの写真を提示し,話を聞く。
③「2年1組は気持ちのよい教室になっていると思いますか」と問いかけて,○か×で判断させた後,ゴミの落ちている教室の写真を提示する。
④「2年1組には,Uさんみたいな子がいると思いますか」と問いかけて考えさせた後,教室をきれいにしようとしている子どもの写真を何枚か提示し,Uさんからコメントをもらう。

💡 教材「使える化」のポイント

- ねらいを設定するときには,「その教材ならではのねらいになっているか」という意識をもちましょう。
- ねらいが焦点化されれば,効果的な授業のアイデアが浮かんできます。

3 教材を「授業で使える化」する

2 教師自身がやってみる

　教材が授業で効果を発揮するようにするためには，

●教師自身が1度やってみる

ことが大切です。この作業を省いてしまうと，授業で思わぬ失敗を招いてしまいます。子どもたちが教材をうまく活用できないために，授業が行き詰まってしまう状況が起きてしまうからです。

　たとえば，ワークシートを作ったものの，教師自身が実際に書き込んでみなかったために，子どもたちにとって，とても書きづらいものになっていたという場面もしばしば目にします。せっかく時間と労力をかけて作った教材の効果が半減してしまうのです。

　写真やイラストなどを提示して，「気づいたことや考えたこと，はてなと思ったこと」を発表させようとする場面なども同じです。

　まずは教師自身が「気づいたことや考えたこと，はてなと思ったこと」を考えてみるのです。

　このような作業をしておくことによって，子どもたちから出された考えをより深く生かすことができるようになります。

　たとえば，『て と て と て と て』(浜田桂子 作, 福音館書店)の表紙を提示したとしたら，どのような考えが出てくるでしょうか。

　自分自身で次のように考えていきます。

●気づいたこと

・子どもが3人いる。

・赤・青・黄色の服を着ている。
・3人とも手を挙げている。
●考えたこと
・3人兄弟だと思った。
・3人とも楽しそうな顔をしているので何かいいことがあったのだろう。
・手を使って何かするのかもしれない。
●はてなと思ったこと
・どうして「て」という文字が4つあるのだろう。
・なぜ手のひらをこちらに向けているのだろう。
・だれに向かって手を挙げているのかな。

　このようにできるだけたくさん教師自身が考えてみることによって，子どもの考えを余裕をもって受け止めることができます。さらにその考えを意味づけることも可能になります。

「3人とも楽しそうな顔をしているので，何かいいことがあったのかもしれない」
という発言があったら，次のように意味づけてあげるのです。

「表情をもとに想像をしたんですね。いいところに目をつけましたね」

　発言した子どもは，教師に意味づけられたことによって自分の考え方に自信をもつことができます。

　学級の子どもたちも，「考える」とはどういうことなのかを学ぶことができるのです。

> **教材「使える化」のポイント**
> ●教材を作ったら，まずは教師自身が試してみましょう。そうすることによって，使い勝手の良さ・悪さに気づいたり，子どもたちの考えに的確に対応したりすることができるようになります。
> ●ちょっとした手間をかけることで，よりよい授業を展開することができるのです。

3 教材を「授業で使える化」する

3 できるだけ多くの発問を考える

「どうしたらよい発問をつくることができるのでしょうか」という相談を受けることがあります。「よい発問」とは何なのでしょうか。いろいろな考えがあると思いますが、私が最も重視しているのは、

> ●子どもの思考を刺激する発問であるかどうか

ということです。

　子どもに何かを考えさせるために発問をしたのに、それが思考を刺激しないのであれば、発問した意味がなくなってしまいます。
　どうすれば、思考を刺激する発問をつくることができるのでしょうか。
　まずは、できるだけ多くの発問をつくってみることです。たくさんつくるうちに「よい発問」がひらめいてくるようになってきます。

　ある中学校のランチルームで給食委員会が作ったポスターを見つけました。生徒が作ったものでも立派な教材になります。
　これを活用して授業をするとしたら、どんな発問をつくりますか。まずは、自分なりに考えてみてください。いくつ思いついたでしょうか。
　たとえば、次のような発問が思い浮かんできます。

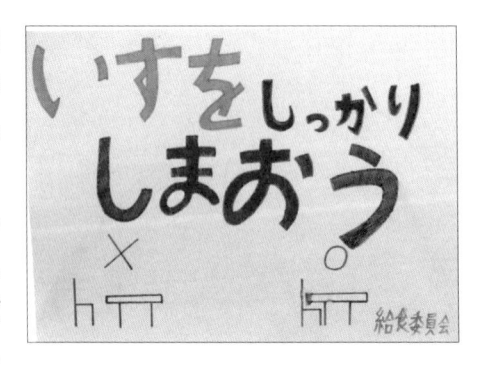

発問1 ランチルームで給食委員会が作ったポスターを発見しました。どんなことを呼びかけるポスターだと思いますか。
発問2 どうして「いす」の文字だけが赤色になっているのでしょうか。

発問3 １回の使用でいくつの椅子がきちんとしまわれていないと思いますか。
発問4 （イラストにつけられている○と×を消して）どちらが○だと思いますか。
発問5 （左側の椅子のイラストを示して）こちらの方がいいんじゃないですか。
発問6 これは絶対だめだ！と思う図を描いてみましょう。
発問7 このポスターの効果があったと思いますか。
発問8 もっと効果のあるポスターのアイデアがありますか。
発問9 こんなポスターが貼られているランチルームのままでいいと思いますか。
発問10 このポスターがはがされる日が来ると思いますか。

１つの教材で少なくとも10個の発問をつくろう，と考えていくうちに，思わぬ発問が浮かんでくるようになるのです。

ある中学校では，１時間の道徳授業の発問を，全職員で183個つくりました。そして，その中からいくつかの発問を選んで授業を行いました。授業プランの検討を行う前に，教材だけ配付しておいて，教師１人１人がいくつもの発問を考えて持ち寄るとおもしろい研修になると思います。

１つの教材でいくつの発問をつくることができるか，チャレンジしてみませんか。

> **教材「使える化」のポイント**
> ● 「よい発問」は，子どもの思考を刺激します。そんな発問をつくることができたら，授業はグンと楽しくなります。
> ● 「よい発問」をつくる力をつけるためには，できるだけ多くの発問を考えることです。
> ● まずは，１つの教材で10個の発問をつくることから始めてみましょう。

3 教材を「授業で使える化」する

4 言葉の意味を掘り下げる

　授業のキーワードを，十分調べないまま授業をしている教師が多いように感じます。

　小学校で「討論」をテーマにした国語の授業を参観したことがあります。

　授業の後，授業者に「"討論"とは何ですか」と問いかけると，うまく答えることができませんでした。

　「討論」「討議」「議論」「協議」など，類語がたくさんありますが，「討論」をテーマにするのであれば，それぞれの意味のちがいくらいは調べておかなくてはなりません。

　授業のキーワードを掘り下げておかなければ，表面的な授業になってしまうのです。

　道徳の授業でも同じです。

　本時の授業のキーワードとなる言葉を調べている教師は少ないようです。

　どうしてこのようなことになるのでしょうか。

　それは，「わかったつもり」になっているからです。

　そんな言葉くらい知っていると思い込んでいるのです。

　「マナーとは何ですか」

と問われて，明確に説明できる教師はほとんどいません。しかし「わかっているつもり」なので，調べようとしないのです。

　マナーコンサルタントの西出ひろ子氏は，「マナー力」を高めるには，3つの「こ」が大切であると言っています。3つの「こ」とは,「心」「言葉」「行動」です。つまり，マナーとは，「心」を「言葉」にして「行動」することなのです（『仕事のマナー㊙講座』プレジデント社，4〜5ページ）。

　このように，言葉の意味を掘り下げれば，子どもたちを深い理解に導くことができるようになるのです。

言葉の意味を掘り下げるためには，どうしたらいいのでしょうか。
少なくとも，次の作業が必要です。

> ①辞書で言葉の意味を調べる
> ②必要に応じて百科事典等も調べる
> ③場合によっては哲学的な書籍にも当たってみる

ある研究会で，「平均」の指導プランの提案がありました。
キーワードは，当然「平均」です。
このような場合，「平均」という言葉だけ調べればいいのでしょうか。
そうではありません。
「平」と「均」に分けて調べるのです。
すると次のような意味がわかってきます。

○平…高低やでこぼこがない。たいら。たいらか。
○均…地面をならしてたいらにする。ならす。ひとしい。差がない。

どちらの言葉も，「たいら」の意味があるのです。
「平均」とは，「たいら」という意味を重ねて使うほど，でこぼこがない状態なのです。
この言葉の意味を子どもたちに伝えれば，「平均」ということが何を表しているのか，強く印象づけられることでしょう。
言葉の意味を掘り下げることによって，授業に深みが出てくるのです。

教材「使える化」のポイント
- 授業のキーワードをとことん調べましょう。そうすることによって，子どもたちに認識させなければならないことが明確になってきます。
- キーワードによっては，1文字ずつ調べると，より深い意味が見えてきます。

Kenji's Talk [1] 何気ないことに気づく感性

　コーヒーが好きなので，どこかに出かけるときには，必ずと言っていいほど，スターバックスなどでコーヒーを買います。この日も，ある県の教育委員会の研修講師で出かけることになったため，電車に乗る前にラテのトールを買いました。電車に揺られながらコーヒーを飲んでいると，ふと気づいたことがありました。それは，コーヒーが熱くないように取り付けてあるカバーの裏側に描いてあった「THANK YOU」の文字と簡単なイラストです。

　これまでずいぶんスターバックスのコーヒーを飲んできたのですが，このような言葉とイラストに気づいたのは初めてのことでした。

　コーヒーを買ってくれたお客さんに，「THANK YOU」と書くくらい当たり前のことなのかもしれません。しかし，これに気づくお客さんがどれくらいいるでしょうか。気づかれないかもしれないし，気づいたとしても，何とも思わないかもしれません。それなのに，さりげなく書いてある言葉とイラスト。そんなことを考えながら眺めているうちに，何となく心が和んできました。店の方針なのか，たまたまその店員が書いたものなのか，それもわかりません。しかし，あるのとないのでは，印象が大きく違います。

　こういうものを見つけると何だかうれしくなってきます。

　飲み終えた後，カップからカバーを外してバッグにしまい込みました。この温かさを子どもたちと分かち合いたいと思ったからです。

　このような教師の思いが子どもを育てるのではないでしょうか。

第 II 章　思考のスイッチを入れる

～授業構成のコツ～

1. 思考のスイッチを入れる
2. 学習のフロー状態*をつくる
   *ここでは「学習にのめりこんでいる状態」という意味で使っています。

1 思考のスイッチを入れる

1 解きたい気持ちを高めよう

　「めあて」を板書すれば，子どもたちが考えてくれると思っている教師が多いような気がします。いろいろな授業を見ていると，何の疑いもなく「めあて」を板書して，「今日はこのめあてについて考えましょう」などと平気で言っているからです。しかし，授業を受けたいと思って学校に来ている子どもはほとんどいないと言っていいでしょう。

　「第3場面のごんの気持ちを考えましょう」などという「めあて」を示したとしても，「ごんの気持ちを考えたい！」という子どもはいないのです。

　基本的に子どもたちは受動的です。

●受動的な子どもたちを能動的にするのが教師の仕事

なのです。

　どうしたら，子どもたちを能動的にすることができるのでしょうか。

　教材の提示を一工夫することが，ポイントの1つです。

　小学校6年生の算数の授業を参観したときのことです。

　授業開始と同時に，次の「めあて」が板書されました。

　「落ちや重なりがないよう整理するために○○○を使ってすべての並び方を見つけることができる」

　「○○○」としたところに授業者の工夫はあったのでしょうが，これでこの「めあて」にどれだけの子どもたちが興味をもったのでしょうか。「落ちや重なりがないように整理」しなければ何か困ることがあるという切実感がありません。この「めあて」の後には，次の問題が提示されました[1]。

　「あきらさん，かつやさん，さとしさんの3人でリレーのチームをつくります。／3人の走る順番をすべてかきましょう。／何とおりありますか。」

第Ⅱ章　思考のスイッチを入れる〜授業構成のコツ〜

　このような問題提示によって，解きたいという気持ちが高まったのでしょうか。

　教科書には右のようなイラストがありました[2]。このイラストを少し工夫して提示するだけでも，解いてみたいという気持ちを引き出すことができたはずです。

　たとえば，このイラストを提示して，
「どんな問題が出されそうですか」
と問いかけてはどうでしょうか。

〈教科書のイラストを細分化して見る〉

「どんな問題が出されそうですか」

　子どもたちは，問題を予想させるだけで，どんな問題が出されるのか興味をもつのです。興味をもって問題を読むのと，興味もないまま問題を読むのとでは，頭への入り方が大きく変わってきます。せっかくイラストがあるのですから，子どもたちの気持ちが高まるように活用したいものです。

　道徳の授業でも，子どもたちがまったく資料に興味をもっていないのに，「資料を配ります」と言って配りはじめる教師をよく見かけます。

　ある授業では，配られた資料を見たとたん，「うわっ，字が多い！」とつぶやいている子どもがいました。資料を読む気がないのに読まされても内容は頭に入ってこないでしょう。「読みたい！」という気持ちを引き出してから配付すれば，子どもたちは何も言わなくても一生懸命読みはじめるのです。

　解きたい，読みたい，考えたい。

　授業の始まりでは，このような気持ちを高める工夫をすることが大切です。

> **思考のスイッチを入れるポイント**
> - 「めあて」を示すだけでは，子どもたちの受動的な姿勢は変わりません。
> - 教科書のイラストを活用するだけでも，子どもたちの問題に向かう気持ちを変えることができます。
> - 「解きたい！」という気持ちを高めるための一工夫で，子どもたちを能動的に変容させましょう。

1）啓林館『わくわく算数6』（平成27年2月発行）　2）右のイラストは，教科書のイラストをもとに作成

1 思考のスイッチを入れる

2 謎解きでわくわく

子どもたちは、謎を解くのが大好きです。
この特性を生かして、思考のスイッチを入れることができます。

4年生の算数に次のような学習内容があります[1]。

> あきらさん、かつやさん、さとしさん、たいきさんに、好きなスポーツを聞きました。
> 4人の答えは、みんな違っていて、野球、サッカー、テニス、水泳でした。
> それぞれの好きなスポーツをみつけましょう。
> ● あきらは、野球ではない。
> ● かつやは、テニスではない。
> ● あきらとさとしは、サッカーでもテニスでもない。

	野球	サッカー	テニス	水泳
あきら	×			
かつや			×	
さとし				
たいき				

大切なポイントは、

> ● まったくわからない状態から、少しずつ解けそうな状態を提示していく

ということです。
授業プランをもとに考えていきましょう。

最初に、スポーツをしているイラストを提示して問いかけます。
[発問] どんな問題が出されそうですか。
イラストだけで考えるのですから、だれでも自由な発想で意見を発表することができます。

授業の始まりの段階では、だれでも参加できる場面を設定することが大切です。

　あれこれいろいろなアイデアが子どもたちから出されることでしょう。

　おもしろいアイデアが出されたら、みんなでおもしろがって楽しみましょう。みんなで楽しむという雰囲気が子どもたちを前向きにします。

　さて、ここからがいよいよ謎解きの第一段階です。

　「実は、こんな問題です」と言って、問題文を提示します。

　そして問いかけます。

発問　それぞれの好きなスポーツを見つけられる人はいますか。

　だれ一人わかる子どもはいないでしょう。

　だれもわからないことを確認したところで、次のように言います。

　「では、ヒントを出します」

　「ヒント」という言葉は子どもたちの好奇心をくすぐります。

　これで何かわかるはずだ、と子どもたちの目は輝きます。

　ヒントは次の言葉です。

　「あきらは、野球ではない」

　これだけではさっぱりわからないのですが、きっぱりと言います。

　「これでわかりましたね」

　ここまで断言されたら、きっとわかるはずだと子どもたちは考えます。必死で答えを見つけようとします。

　子どもたちの謎を解きたいという気持ちをうまく活用することによって、思考のスイッチを入れることができるのです。

> 💡 **思考のスイッチを入れるポイント**
> ●全然解けそうもない状態をあえて作り出し，少しずつヒントを提示していきましょう。
> ●ヒントを出すときに，うまく挑発していくと，子どもたちはいつの間にか問題を解くことに夢中になっていきます。教科書の問題でもわくわくさせることができるのです。

1）啓林館『わくわく算数4下』（平成26年2月発行）

1 思考のスイッチを入れる

3 教科書がまちがっている？

教師も含めて，子どもたちは「教科書は正しい」と信じています。

- 「教科書は正しい」という思いを逆撫ですることによって，思考のスイッチを入れることができる

のです。「教科書に書いてあることは正しいですか」「教科書がまちがっていませんか」と問いかけられる部分を見つけることによって，逆撫ですることができます。

小学5年理科に「物のとけ方」という単元があります。ある教科書には，女の子が次のように言っているイラストがありました[1]。

> 食塩は，7はい目でとけ残りが出ました。だから，食塩がとけた量は，すり切り6はいです。

このイラストと言葉を示して，子どもたちに問いかけます。
発問 この女の子の言っていることは正しいですか。

教科書に書いてあることに対して，このように問いかけられるとは思ってもみなかった子どもたちは，この発問で「えっ？」と思います。

そして次のように考え始めます。

「7はい目でとけ残りが出たということは，すり切り6はいよりも多くとけたのではないか」

それなのに，「すり切り6はい」と言い切っていいのかどうか，女の子の言葉をめぐって，議論になるはずです。

教科書に書いてあることを鵜呑みにするのではなく，疑問をもって読むことによって，子どもたちの思考のスイッチを入れることができるのです。

小学3・4年社会の「店ではたらく人」の単元にも次のような興味深い表現があります[2]。

> 品物(しなもの)がたくさんあって，とてもおいしそう。買い物(もの)しらべの答えのとおりだよ。

これは，スーパーマーケットにお客さんがたくさん来るひみつについて考えたときの子どもの発言です。

ひっかかるのは，「とてもおいしそう」という表現です。

・品物がたくさんあればおいしそうに見えるのか。
・品物が少なくてもおいしそうに見せることはできるのでないか。
・スーパーマーケットだけでなく，どのお店でも「とてもおいしそう」に見えるような工夫をしているのではないか。

このような疑問が浮かんできます。

教科書の記述に対して教師自身がもった疑問が，発問になっていきます。

発問 品物がたくさんあればおいしそうに見えるのですか。
発問 品物が少なくてもおいしそうに見せることはできるのでないでしょうか。
発問 「とてもおいしそう」に見えるのは，スーパーマーケットだけですか。

スーパーマーケットだけでなく，どのお店でも「とてもおいしそう」に見えるような工夫をしているはずです。

このような部分を取り上げて発問することによって，思考のスイッチが入るのです。

💡 思考のスイッチを入れるポイント

● 批判的に教科書を読んでみましょう。よく考えると「ちょっとおかしい」表現が見つかります。
● 見つけた部分を子どもたちにぶつけてみましょう。子どもたちの思考のスイッチが入ります。

1) 東京書籍『新しい理科5』（平成27年2月発行）　2) 東京書籍『新編 新しい社会3・4年上』（平成23年度2月発行）

1 思考のスイッチを入れる

4 発見させる発問・指示

　ある教材を提示した後,子どもたち自身が発見できるような発問・指示をすることで,思考のスイッチは確実にオンになります。教材に対して積極的な姿勢になるからです。

　たとえば,右のような写真を提示した後,次のような発問をします。

発問　この写真を見て,「気づいたこと」「考えたこと」「はてなと思ったこと」は何ですか。

　次のような考えが出されるでしょう。

・白い自動車が停まっている。
・とても長い自動車だ。
・何メートルあるのかな。
・値段はいくらするのだろう。
・だれが乗るのかな。
・何人乗れるのかな。
・自動車が停まっている場所はどこだろう。

　上の発問は,どの教科でも使えます。社会科教科書の写真や絵図,理科教科書の実験等の写真,国語教科書の挿絵などです。

　多様な考えが出されたとき,大切なことは,

● 子どもの発言を意味づけてあげる

ことです。

　「何メートルあるのかな」という発言に対しては,「長さに疑問をもったんで

すね」,「自動車が停まっている場所はどこだろう」という発言に対しては,「場所に目をつけるなんて,なかなかいいですね」というように意味づけるのです。

このような意味づけによって,ほかの子どもたちは,写真などを見たときにどのようなところに目をつければいいのかを学ぶことができるのです。それが,次の学習の土台となっていきます。発見させる発問・指示は,子どもの観察眼を鍛える発問・指示ともなるのです。

小学３年社会に「店ではたらく人」[1]という学習があります。最初に示されている写真は,スーパーマーケットの遠景です。

この写真を提示して,

発問 この写真を見て,"気づいたこと""考えたこと""はてなと思ったこと"は何ですか。

と発問すれば,次のような考えが次々と出されるでしょう。

・駐車場に数え切れないくらい車が停まっている。
・スーパーマーケットだけでなく,いろいろなお店が集まっている。
・たくさんのお店があると,あちこち行かなくても一度に買い物ができて便利。
・何時から何時まで営業しているのかな。
・遠いところからも買い物に来る人がいるのかな。

これらの意見を意味づけることによって,もっともっと発見しようという意欲が高まっていくのです。

> **思考のスイッチを入れるポイント**
> ●写真や絵図などを提示して,発見を促す発問・指示をしましょう。
> ●出された考えを意味づけてあげることによって,子どもたちの観察眼が鍛えられます。

1) 東京書籍『新編 新しい社会３・４年上』(平成27年２月発行)

■ 思考のスイッチを入れる

5 学習活動の意味を考える

「なぜこの場面でそのような学習活動なのか」よくわからないまま授業をしている教師がいます。学習活動には，すべて意味があるはずです。意味を考えて学習活動を仕組むことによって授業の質は高まるのです。

では，学習活動を設定するとき，どのようなことに留意すればいいのでしょうか。

視点は2つあります。

● 視点1　全員参加の学習活動になっているか

発問して挙手した子どもを指名する——多くの教室で目にする光景です。

しかし，多くの場合，7～8名の子どもが挙手してその中から指名された子どもが発言します。1時間の中で何度かこのような場面が繰り返されますが，挙手する子どもはほとんどが同じような子どもばかりです。

発問されたことを考えて，自分の考えを発表するという学習活動が，一部の子どもだけの学習活動になっているのです。

では，どうしたらいいのでしょうか。

発問の後に，「書く活動」を入れればいいのです。

「○○に賛成ですか」と発問した後，賛成だったら○，反対だったら×を書かせるのです。理由まで書かせる場合もありますが，○か×であれば，どの子どもも書くことができます。指示した後は，○か×を書いたかどうかの確認と，挙手による人数の確認も重要です。こうすることによって，全員が学習活動に参加せざるを得なくなるのです。

全員が何らかの考えをもっているという状態をつくったのですから，後は，どんどん指名して発言させればいいのです。だれが指名されるかわからないので，緊張感も生まれます。

意図的指名をして発表させる場合には，次のような指示をします。

「これからAくん，Bくん，Cさんが発表します。自分の考えに一番近いと思う人の名前を書きましょう」

これで子どもたちは，発表者の考えを真剣に聞かざるを得なくなります。何の指示もなければ，ほとんどの子どもたちは聞き流すでしょう。

全員参加の学習活動になっているか，を常に意識することが大切です

●視点2　意味のある学習活動になっているか

学び合いと称して，グループ学習を取り入れている授業もよく目にします。

しかし，その様子を見ていると，本当に学び合いになっているのかと疑問をもつことの方が多いのです。

グループの中で，発言する子どもが限られ，その子の考えでグループ学習が進んでいくからです。せっかくグループ学習をさせているのに，1人1人に意味のある学習活動になっていないのです。

次のようにしてみてはどうでしょうか。

①グループ学習に入る前に，1人1人に自分の考えをもたせます（ここでも書く活動が大切です）。
②グループ学習が始まったら，まずは，全員が順番に考えを発表します。その場で思いついた考えも付け加えます（ホワイトボードなどに書くとよいでしょう）。
③出された考えの中から，課題に応じたよい考えを選択します。学習課題に応じて，選択するための視点を示すとグループでの話し合いが深まるでしょう。

💡 思考のスイッチを入れるポイント

- 学習活動を設定するときには，全員参加の学習活動になっているか，意味のある学習活動になっているかを常に意識しましょう。
- 意味のある学習活動によって，子どもたちの力はぐんぐん伸びていくのです。

■1　思考のスイッチを入れる

6　使える指導案を作る

　多くの学校で毎年数多くの学習指導案が作られます。しかし，指導案だけを見てだれでもが授業できるようなものは，ほとんどありません。結局は指導案を作った教師だけのもので終わってしまうのです。これでは，せっかく注ぎ込んだ時間と労力がもったいないのではないでしょうか。
　では，だれでもが使える指導案にするには，どうしたらいいのでしょうか。
　まずは，今までの指導案の枠組みを捨てることです。
　指導案を読む相手は初任者を想定します。そうすると，できるだけわかりやすく書かなければならなくなってきます。初任者が読んでそのまま授業を再現できるように書くのです。指導案に入れる要素としては，次のようなものが挙げられるでしょう。
　①発問，指示
　②発問，指示に対する子どもの反応の予想
　③資料提示の方法・手順
　④学習活動とその意図
　⑤板書計画
　これらの要素を入れながら，

> ●授業を具体的にシュミレーションしながら書いていく

のです。このような指導案を書こうとすれば，授業者自身が授業の意図を明確に意識せざるを得なくなります。つながりの悪い部分も自分で気づくことができるようになります。自然と授業の質が高まるはずです。

　次に示すのは，ある小学校で『いつまでも若い人』という道徳の授業を行ったときの指導案です（導入部分）。

第Ⅱ章　思考のスイッチを入れる〜授業構成のコツ〜

1　早く年寄りになりたい？
　子どもたちに，おじいさんの写真を3枚提示する[1]。
　子どもからは，自然と笑いがこぼれるだろう。そこで，「3つの写真を見て，思ったことや気づいたことは何ですか」と問いかけ，多様な感想を引き出す。ユニークな感想があれば取り上げ，おもしろさを学級全体で共有した後，発問する。

発問1　こんなにおもしろいおじいちゃんやおばあちゃんだったら，みんなも早くなりたいですか。

　「なりたい！」と思う人と聞いて挙手させる。
　ほとんどの子どもは，「そんなに早くなりたくない」と言うだろう。そこで，さらに「こんなにおもしろいおじいちゃんだったら，早く年をとってもいいんじゃないですか」とたたみかけて，拒否反応を引き出した後，問いかける。
　「何十年経っても絶対におじいさんやおばあさんにならないという人はいますか？」
　だれも手を挙げないだろう。
　「どんな人でも，いつかおじいちゃんやおばあちゃんになっていくのですね」と確認した後，言う。
　「でも不思議なことがあるんです。こんな言葉を聞いたことはありませんか」

いかがでしょうか。
　これくらい具体的に記述すれば，初任者でもそれなりの授業をすることができるはずです。使える指導案を心がけることによって，より多くの教師に活用してもらえるようになるのです。

> **思考のスイッチを入れるポイント**
> ●だれでも使える指導案づくりを心がけましょう。
> ●そのときに大切なことは，「初任者でも再現できるくらい具体的に書く」ということです。このような指導案づくりをすることによって，授業構想力が確実に高まります。

1）梅佳代『じいちゃんさま』(リトル・モア)。実際の指導案には写真も示している。

53

2 学習のフロー状態をつくる

1 ドキッとさせる

　授業開始と同時に右の言葉を大きく黒板に書いて提示します。

　この言葉を見ただけで,子どもたちは,数の大きさにドキッとします。

　そして,いつの間にか疑問を持ち,「いったい何の数字だろう」「"着"という言葉があるということは洋服のことかな」「それにしても300万着とはどういうことだろう」などと考えはじめます。

　これは,ユニクロの「全商品リサイクル活動」(2012年)の広告に使われていたキャッチコピーです。世界中の難民や避難民の方々に不要になった衣類を送ろうという活動です。

　このように,

●日常の常識とかけ離れた事実を提示する

ことによって,子どもたちをドキッとさせることができます。

　この活動は,2015年になると右の広告のように展開されました。

　何と1000万着に激増しているのです。

　300万着でドキッとさせた後,右の広告を1000万着を隠して提示します。

発問1　これは2015年の広告です。300万着から増えたと思いますか,減ったと思いますか。

　それぞれの人数を確認した後,予想した理由を発表させます。

次のような理由が出されるでしょう。

[増えた派]
・今も世界中でいろいろな争いが起きているから。

[減った派]
・服を送る活動を続けているから少しずつ減っているのではないか。

意見を発表させた後,「1000万着」を提示します。

ほとんどの子どもたちはさらにドキッとするでしょう。増えたと予想した子どもも,ここまで増えているとは思わないからです。

そこで発問します。

発問2 なぜ3倍以上に増えたのでしょうか。

今の世界の状況などから,いろいろな意見が出されます。

最後に次の発問をします。

発問3 減らすことができるのでしょうか。

できるかできないかをめぐって議論になるでしょう。

300万着,1000万着という数字でドキッとさせることで,子どもたちの思考は刺激され,いつの間にか考えはじめるのです。

このほかにも,子どもたちをドキッとさせる方法はいろいろ工夫できます。

たとえば,視点ががらりと変わる写真なども,ドキッとさせるには効果的です。『アリからみると』[1]では,アリから見たいろいろな生き物の姿が示されていて,迫力があります。視点が変わると,こんなにも見え方が変わるのかということが実感できます。

「ドキッとさせる」効果は,思考のスイッチを入れるだけでなく,物の見方を広げることにもつながっていくのです。

> **学習のフロー状態をつくるポイント**
> ●日常の常識からかけ離れた事実を提示すると子どもたちはドキッとします。
> ●ドキッとした子どもたちは思考を刺激され,いつの間にか考えはじめます。
> ●ドキッとさせる素材を集めておくと,いろいろな場面で活用できます。

1) 桑原隆一 著,栗林慧 写真『アリからみると』(かがくのとも傑作集——どきどきしぜん),福音館書店。

2　学習のフロー状態をつくる

2　驚きを生み出す

　驚きは「どうしてだろう」いう疑問を生み出し，学習に向かう姿勢が積極的になっていきます。ですから，教材との出合いの場面では，驚きを生み出す工夫をしたいものです。
　では，どのように驚きを生み出したらいいのでしょうか。
　最もシンプルな方法は次の2つです。

> ①子どもの経験と大きくかけ離れた事実などを提示する
> ②予想と大きなズレのある結果などを提示する

　『くつのうらは ぎざぎざ』(百木一朗 作，月刊『かがくのとも』2011年7月号，福音館書店) という絵本があります。この絵本には，いろいろな靴の裏が紹介されていて大人でも興味深く読むことができます。
　まず1枚目の絵を提示して，発問します。
　発問 これは何に使われる靴でしょう。
　この靴は，少数ながら経験をもっていたり見たことがあったりする子どもがいるので，バレエのトウシューズであることがわかるでしょう。「よくわかったね。すごいね」などとほめた後，2枚目を提示して同じように発問します。
　これは，大人でもほとんどわかりません。
　靴の裏を手がかりに，子どもたちにあれこれ予想させます。

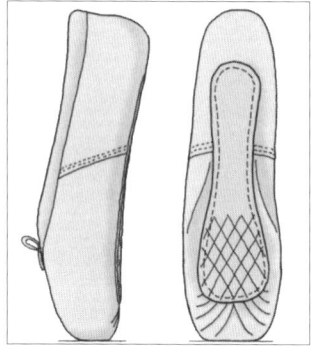

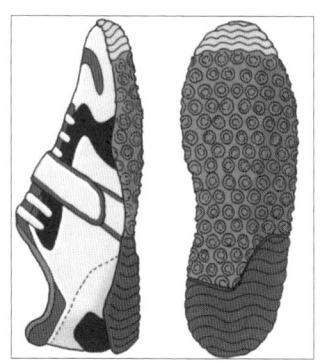

- 吸盤みたいなものがあるから、すべりにくい靴だ。
- すべりにくい靴だったら、山に登ったりする時に使うのかな。
- つま先とかかとの部分がちょっと変わっているので、そこが何か関係あるのかな。

などと、さまざまな考えが出されるでしょう。

考えが出尽くしたところで、つなひき用の靴であることを告げると、大きな驚きが生まれます。

3枚目は、まったくぎざぎざのない靴の裏の絵を提示します。

これもほとんどの子どもはわかりません。

あれこれ予想させた後、カーリング用の靴であることを知らせると、またもや大きな驚きが生まれます。

こうして靴の裏に興味をもった子どもたちは、自分の靴の裏や家族の靴の裏などを調べてきます。普段ほとんど見ることのない靴の裏ですが、いろいろな機能性を考えて実にうまく作られていることに気づいていくのです。

右の写真は「世界のタイル博物館」(常滑市)の外で見つけたモノです。いったい何かわかるでしょうか。実は、博物館のツバメの巣の下におかれた「ツバメのトイレ」なのです。トイレなどを製造している会社が運営する博物館だけあって、ツバメのトイレまで作ってしまったのです。これも子どもの予想と大きなズレのあるモノです。

授業で驚きを生み出し、子どもたちの学習に向かう姿勢に火をつけましょう。

> **学習のフロー状態をつくるポイント**
> ●驚きは、学習に向かう姿勢を積極的にします。
> ●驚きを生み出すために、経験と大きくかけ離れている事実や予想と大きなズレのある結果などをうまく活用しましょう。

2　学習のフロー状態をつくる

3　思いがけないことを問う

　右に示したのは,『宇宙兄弟』（小山宙哉 作,講談社）のワンシーンです。宇宙飛行士の訓練を受けている最中に,主人公の南波六太が言います（第11巻）。

「1位と最下位との差なんて　大したことねーんだよ」

　こういう言葉を読むと,「どういうことだろう」という疑問が浮かびます。しかし,この後に続く言葉,

「ゴールすることと　しないことの差に比べりゃ」

で「なるほど！」と納得します（砂漠を歩き切る訓練中,主人公は高熱を出すが,最下位になってもゴールしようとしている）。ゴールすること（やり遂げること）の大切さを教えられるすばらしいシーンです。

　このシーンを活用して授業するとしたら,どんな発問をしたらいいでしょうか。

　次のような発問はどうでしょうか。

発問　この言葉に納得できますか。

　多くの教師は,子どもに伝えたいよい言葉などがあった場合,疑いようのない「よい言葉」として提示しようとします。しかし,それでは,子どもにとって教師から一方的に教えられたという感覚しか残りません。

●子どもたちに「なるほど！」と思ってもらうには,一度子どもたち自身に考えてもらう作業が必要

なのです。

そこで重要になるのが,「思いがけないことを問う」という視点で発問をつくるということです。

「この言葉に納得できますか」

という発問は,「えっ？　そんなことを聞くの？」という思いがけないものです。

問われた子どもたちは, 納得できるかできないかを考えなければなりません。できるかできないか, 意見が分かれて議論になるかもしれません。

その上で, 次の言葉,

「ゴールすることと　しないことの差に比べりゃ」

を示すと,「なるほど！」という気持ちになるのです。

右の写真は, 近江八幡市で見つけた言葉です（学校法人 ヴォーリズ学園内の石碑）。

この言葉を活用して授業するとしたら, 次の発問をします。

発問 この言葉に賛成ですか。

ほとんどの教師は, よい言葉として子どもたちに提示するでしょう。しかし,「この言葉に賛成ですか」と問われたらどうでしょうか。

ほとんどの子どもたちは,「えっ？」と思うはずです。

「まさかそんなことを問われるとは思わなかった」という気持ちになるからです。

そして, 改めて言葉の意味を考え直すことになるのです。

> ### 💡 学習のフロー状態をつくるポイント
> - 教師がよいと思っている言葉を, よいという前提で子どもたちに提示するのではなく, 子どもたちに判断させるような問いを考えましょう。
> - 思いがけないことを問いかけられることによって, 子どもたちは, 思考のスイッチが入るのです。

2 学習のフロー状態をつくる

4 ビフォー・アフターで疑問を引き出す

　教科書や道徳の読み物資料などには，多くのイラストや絵図，写真などが掲載されています。このような視覚的資料をうまく活用することによって，子どもたちから疑問を引き出し，思考を活性化することができます。

　活用する時の視点の1つが，

●ビフォー・アフターに着目する

ということです。

　ある事象などの前と後を提示することで，子どもたちは，「どうしてこうなったんだろう？」という疑問を自然にもつのです。

　文部科学省『わたしたちの道徳』（小学校1・2年）にも掲載されている，「はしの 上の おおかみ」（奈街三郎 作）[1]という道徳資料で考えてみましょう。

　次のイラストを見てください。

　おおかみの態度が激変しています。

　この2枚のイラストを提示して，次の発問をします。

発問1　2つの絵を比べて気づいたことがあるかな？

　子どもたちは，いじわるなおおかみがやさしくなっていることに気づきます。

　そこで，次の発問をします。

発問2 おおかみがやさしくなったのはどうしてかな？

　もちろん，子どもたちにはわかりません。「どうしてだろう？」という疑問が高まってきたところでさらに発問します。

発問3 実は，ある出来事があったのです！　その出来事とは何でしょうか？

　この発問によって，子どもたちは，おおかみに変化をもたらした出来事に大きな関心をもつようになり，読み物を読む姿勢が意欲的になるのです。

　ビフォー・アフターは，いろいろな教科で活用することが可能です。

　国語であれば，物語の始まりと終わりの登場人物の姿です。

　「大造じいさんとガン」（椋鳩十 作）であれば，物語の始まりと終わりで，大造じいさんの残雪（ガンの頭領）に対する思いが大きく変化しています。この変化をもたらした原因は何なのかという疑問をもたせることによって，物語を読み取る意識が大きく変わります。

　社会科（歴史）であれば，ビフォー・アフターが，以下のようにいくつでも出てきます。

・縄文時代と弥生時代
・金閣寺と銀閣寺
・江戸末期と明治初め

　理科でも，いろいろなビフォー・アフターが見つかります。

・川の上流と下流の石の大きさのちがい
・メダカの卵と卵から孵ったメダカ
・種と発芽した苗

　いかがでしょうか。

　ビフォー・アフターを活用することによって，子どもの疑問を引き出し，思考のスイッチを入れることができるのです。

> **学習のフロー状態をつくるポイント**
> ●ビフォー・アフターを子どもたちに提示しましょう。
> ●子どもたちは，「いったい何があったのだろう？」という疑問をもちます。
> ●思考を活性化された子どもたちは，教材に対して積極的になるのです。

1）子どもの文学研究会編『読んでおきたい物語 やさしい心の話』ポプラ社，所収

2 学習のフロー状態をつくる

5　資料で引きつける

次の写真を見てください。

（『産経新聞』による駅構内の広告。筆者が前の2文字を隠した）

子どもたちは見た瞬間に，「○○やか」の言葉を考えはじめます。

たまたま大阪のある駅で発見した広告です。

「やか」のつく言葉がズラッと並べてあって，実におもしろい広告です。

そのまま提示してもそれなりにおもしろいのですが，「やかのつく言葉がたくさんあるなあ」で終わってしまいます。

しかし，「やか」の前の2文字を隠すとどうでしょうか。

いつの間にか「やか」のつく言葉を考えてしまうのです。

なぜ考えてしまうのでしょうか。

1つは，

> ●人間は隠されている部分についつい興味をもってしまう

ということ，もう1つは，「やか」のつく言葉をいくつか知っているということです。自分のもっている知識ではまったく歯が立たない言葉だったら，考える意欲は出てこないでしょう。

子どもたちは，この広告を見ただけで，「やか」のつく言葉を言いたくなっています。教師を対象とした研修会で提示しても，子どもたちと同じように

興味を示し,思わず考えてしまう姿を見ることができます。

この看板を提示して,次のように言います。

「1分間で5個以上書けたらすごいです。10個書けたら中学生レベルです」

この挑発によって,子どもたちは,「やか」のつく言葉を考えるのに夢中になります。

こうして,「やか」のつく言葉をたくさん出させた後は,発想次第でいろいろな授業を展開することが可能です。たとえば,次のような授業はどうでしょうか。

① 「やか」のつく言葉をできるだけたくさん使って短作文を書く。
　・1個使ったら10点というルールで書かせると,子どもたちは夢中になって作文を書くことでしょう。
② 自分や友だちに当てはまる「やか」を考える。
　「Aくんに当てはまるのは『さわやか』です。いつも朝のあいさつをさわやかにしてくれるからです」などという発言があることでしょう。

資料の提示の仕方一つで子どもの思考のスイッチを入れることができるのです。

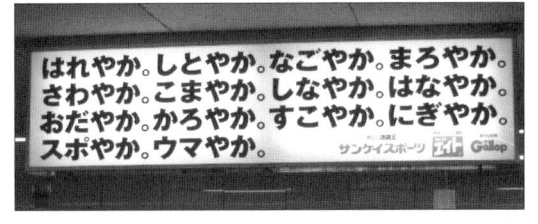

(本来の広告)

> **学習のフロー状態をつくるポイント**
> ● 資料提示の仕方を一工夫して,子どもの思考のスイッチを入れましょう。
> ● 一部を隠す,もっている知識で答えられそうなレベルの内容にする,などの工夫をすると効果的です。
> ● 教科書に掲載されている絵や写真,グラフなども同じように工夫することができます。

2 学習のフロー状態をつくる

6 学びを確認する

　授業で最も大切なことは何でしょうか。

　それは，本時の目標を達成することです。

　本時の目標を達成するために大切なことの１つが，

> ●学びを確認する

ということです。

　それでは，いつ学びを確認すればいいのでしょうか。

　次の２つの場面です。

　①授業の中盤

　授業の中盤で学びを確認するためには，次の指示をするといいでしょう。

指示 ここまでで大切な学びを３つ書きなさい。

　このような指示が出されるという意識をもった子どもたちは，緊張感をもって授業を受けるようになるでしょう。

　書かせた後，何人かを指名して発表させます。

　小学５年の「体積」の授業であれば，次のようなことが書かれるでしょう。

　・体積の表し方は面積と似ている。

　・かさのことを体積ということがわかった。

　・体積の単位は㎤で表す。

　発表させた後，次の指示をしてもいいでしょう。

指示 自分が気づかなかった学びをノートに書いておきましょう。

　こうすることによって，ここまでの学びを十分把握できていなかった子どもたちにとって重要な点を再確認する機会になります。

　さらに，授業中盤で少し気持ちが緩みはじめた子どもたちに，再び緊張感をもたらす効果もあります。

　これが，授業後半の学びをより深めていくことになります。

②授業の終末

授業の終末では，次のような指示をします。

指示 今日の授業で，「わかったこと」「よくわからなかったこと」を書きなさい。

子どもたちが書いた内容を読めば，どの子どもがどのような学びをしたかが明白になります。

大半の子どもが，教師が意図した内容を書いていなかったとすれば，授業がうまくいかなかったということになります。どこがうまくいかなかったのかを考えることで，授業改善につながります。

一部の子どもがうまく書けていなかったら，個別指導に生かすことができます。

子どもの書いた内容を授業の評価として活用するために大切な作業があります。

それは，

> ●授業の後に子どもに書いてほしい内容を，子どもの言葉で書いておくこと

です。

本時の目標を子どもの言葉で書き直せばいいのです。

この作業をしておけば，子どもの書いた内容と前もって書いておいた内容を比べることができます。

授業をよりよいものに改善していくための手がかりを得る絶好の機会となるのです。

> **学習のフロー状態をつくるポイント**
> ●授業の中盤と終末で，学びの内容を書かせましょう。
> ●教師の想定した学びの内容と比較することで，授業改善の手がかりを得ることができます。

2 学習のフロー状態をつくる

7 板書で勝負する

　板書は，授業の質を高める大きな武器の1つです。
　武器の威力を高めるためには，どうしたらいいのでしょうか。
　それは，

> ●板書を構造化して，学習内容や考えるべき論点を「見える化」する

ということです。
　しかし，多くの板書は，羅列的です。羅列的な板書から抜け出すためには，学習内容を次のような視点でとらえることが大切です。
　　・対立点は何か。
　　・何がどのように変容したのか。
　　・何がどのように影響し合っているのか。
　このような視点を意識すると，板書をどのように構造化すればいいのかが見えてきます。

　「アンパイアの心」（久保喬 作）[1]という道徳の読み物資料があります。
　野球のアンパイアを頼まれた主人公の公一が，友だちのピッチャーや感じの悪い選手，判定に文句を言う中学生の態度などに心をゆさぶられながらも公正・公平な審判の役割を貫くという話です。
　この資料を使って授業をするとしたら，どのような板書を構成したらいいのでしょうか。
　多くの場合，物語の時系列に沿って羅列的な板書になってしまいます。
　しかし，それでは，考えさせたい論点が子どもたちに明確に伝わりません。
　右上のように板書してみてはどうでしょうか。
　このように板書すれば，公一が，好き嫌いという個人的感情や威圧的な中学生，集団の圧力などに囲まれている状況が「見える化」されます。このよ

〈構造化した板書例〉

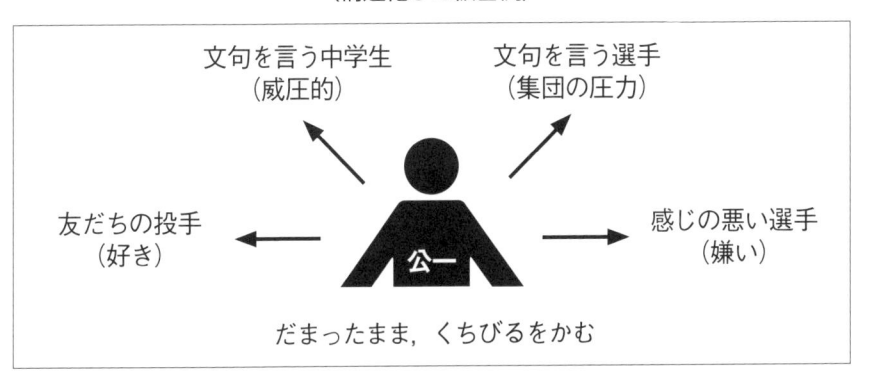

```
        文句を言う中学生      文句を言う選手
         （威圧的）          （集団の圧力）
              ↖           ↗
  友だちの投手 ←  [公一]  → 感じの悪い選手
    （好き）                    （嫌い）

        だまったまま，くちびるをかむ
```

うな状況の中で公一は，アンパイアの役割を貫き通すのです。

その結果，次のような結末を迎えます[2]。

> 「ああ，さっきのホームランで勝っていたのになあ。」
> とつぶやきながら，中学生が，もう一度，公一のそばに来て，
> 「アンパイア，しっかり見ろ！」
> とどなった。公一はだまったまま，くちびるをかんでいた。

板書を構造化することによって，考えるべき論点が明確になってきます。

論点1 公一が，このような状況の中で，公正・公平にアンパイアをやり抜くことができたのはなぜか。

論点2 その公一が，なぜこんな結末を迎えなければならないのか。

論点3 どうしたら，このようなことにならないようにできたのか。

板書を構造化することによって，論点が明確になれば，思考も活性化されるのです。

💡 学習のフロー状態をつくるポイント

- 学習内容や考えるべき論点が「見える化」できるような板書を心がけましょう。そのためには，構造化するための視点を意識することが大切です。
- 何を考えなければならないかを明確にとらえた子どもたちの思考は確実に活性化します。

1）浜田広介ほか監修『明るい心 美しい話 5年生』盛光社，所収　2）「アンパイアの心」同左より

2 学習のフロー状態をつくる

8　読みたい・見たい気持ちを高める

　子どもたちが教材に興味をもつかどうか。それによって学習効果は大きく変わってきます。教師から与えられて仕方なく教材に向かうのではなく，読みたい，見たい，考えたいと思わせた上で，教材に出合わせたいものです。
　そのような気持ちを高めるために，次のような工夫をしてはどうでしょうか。

> ①タイトルを活用する
> ②文章の一部を活用する
> ③挿絵を活用する

　「からかっただけなのに」[1] という道徳の教材をもとに考えてみましょう。
　教材のタイトルは，かなり工夫してつけられています。これを活用しない手はありません。次のように活用してはどうでしょうか。

① 『からかっただけなのに』と板書します。
② 「この言葉をどんなときに使いますか」と問いかけます。自分を正当化したいときの言い訳として使われるという考えが出されるでしょう。
③ 「これから配る資料の中では，どんな場面で使われていると思いますか」と問いかけて配れば，子どもたちは問題意識をもって読むことでしょう。

　文章の一部を活用するという方法も効果的です。
　「からかっただけなのに」という教材は，次のような文章で終わります。
　「ぼくたちのクラスでやっていることは，絶対いじめなんかじゃないと，ぼくは思うんだけど……。」
　この文章を提示して問いかけます。
　発問　"ぼくたちのクラス"では，いったい何が起きているのでしょう。
　この問いかけによって，子どもたちは教材の出来事に興味をもつはずです。

また，道徳の教材には挿絵が使われています。

　この挿絵を効果的に活用することによって，教材に対する興味を高めることができます。

　最初に①の挿絵を提示して，気づいたことを発表させます。バケツをかぶっている子を見て笑っている子がいることに気づいて，「何かいじわるをされているのではないか」という考えが出されることでしょう。

　「この後，このような場面になります」
と言って，②の挿絵を提示して問いかけます。

発問　いったいどんな話なのでしょう。

（絵　石橋富士子）

　子どもたちは，話の内容に興味をもちます。そこで，

　「くわしいことはこの資料に書いてあります。読んでみたいですか」
と問いかければ，子どもたちは「早く読みたい」と思うのです。

　教材と出合わせるときに，ちょっとした工夫をするだけで，教材に向かう子どもたちの気持ちは大きく変わるのです。

> **学習のフロー状態をつくるポイント**
> ●子どもたちが教材に興味をもつような出合いの工夫をしましょう。そのときのポイントは，「タイトル」「文章」「挿絵」です。
> ●これらをうまく活用すれば，子どもたちは教材に強い興味を示します。教材に興味をもてば，学習効果も大きくなるのです。

1）大西節子 作，石橋富士子 絵『みんなで考える道徳』5年，日本標準

Kenji's Talk [2] 先入観を捨てる

　子どもって素敵だなあ！
　心の底からそう思います。
　全校生徒800名近い中学校で，全校道徳をしたときのことです。
　授業のテーマは，「夢に向かって進むために！」でした。そのために大切なこととして次の3つを示しました。
　①　感動する心をもつ
　②　「してあげる幸せ」を感じる
　③　小さなドアに手を伸ばし続ける
　どこのだれかもわからないオジサンの授業に一生懸命参加してくれました。
　難しい問いかけをしたときに1人の男の子が手を挙げました。
　その子は，全校生徒の前で，自分の考えを堂々と述べました。
　あとで聞いたところによると，その生徒は2学期途中から転校してきたばかりで，学級ではほとんど発言をしたことがないというのです。
　そのような生徒が，全校生徒の前でたった1人手を挙げて発言したのです。
　この中学校の先生たちもみんな驚きました。
　「この生徒は発言しない生徒だ」
こんな決めつけが，その生徒の可能性を奪っているかもしれません。

　先入観を捨てて，子どもたちと向き合いましょう。
　教師が素直な思いで向き合ったとき，子どもたちは思わぬ姿を見せてくれるのです。

撮影＝遠崎智宏

第Ⅲ章 子どもの発想を生かす

~授業展開のコツ~

1. 授業のキモ，切り返し
2. ひとつの指導をすべてに生かす

1 授業のキモ，切り返し

1 つぶやきをひろう

　授業中，子どもたちは思わずつぶやきを発します。
　真剣に考えていればいるほど，自然とつぶやきも多くなっていきます。

> ●これらのつぶやきには，授業を深めるための重要なヒントになる内容が少なからず含まれている

のです。
　ですから，つぶやきに耳を傾けて，よいつぶやきをキャッチしましょう。
　このような意識をもつことによって，少しずつキャッチできるようになってくるのです。
　ある中学校で講演したときに，次のような質問が出されました。
　「発問して子どもが発言して，それを板書するだけの授業になってしまいます」
　発問－挙手－指名－発言という公的なものだけを授業で取り上げればいいと思っていると，このような授業に陥ってしまいます。

　中学校の美術の授業を参観していたときのことです（生活の中の色の効果を扱った授業です）。
　赤一色に染められた校舎の写真を見た子どもが思わずつぶやきました。
　「気持ち悪い」
　子どもは特に深く考えることもなく，自分の気持ちを素直に口にしたのでしょう。しかし，そのようなつぶやきの中にこそ，授業を深めるための重要なヒントが隠されているのです。
　このつぶやきは，生活の中の色から自分が受けた感覚を素直に表現したものであり，学級全体に広げれば，生活の中の色に対する子どもたちの認識を深めることができたはずです。

このようなつぶやきを生かすためには、どうしたらいいのでしょうか。
次のように発問するのです。

発問 この写真を見て「気持ち悪い」とつぶやいた人がいました。とても素直なつぶやきですね。ところで「気持ち悪い」という考えについてどう思いますか。「気持ち悪い」と思う人は○，そう思わない人は×を書きましょう。

この発問は，次のような構成になっています。
①つぶやきを紹介する。
②つぶやきの内容が素直な気持ちの表現であることをほめる。
③つぶやきの内容について，賛成か反対か判断させる。

①②によって，素直な気持ちをつぶやくことはいいことなのだ，という意識をもたせるのです。こうすることによって，教材を提示したときなどに素直なつぶやきが出るようになってきます。授業内容に関する自然なつぶやきは私語とはちがいます。

③によって，つぶやきの内容が学級全体に共有され，考えざるを得ない状況を生み出すことができます。

この授業では，もう1つおもしろいつぶやきがありました。カーテンの色が話題になったとき，次のようにつぶやいた子どもがいたのです。

「集中できないカーテンの色がある」

このつぶやきも①②③の手順で学級全体に広げることができたのです。

子どものつぶやきを生かそうとする意識をもちましょう。授業が確実に深まっていくはずです。

切り返しのポイント

- 子どものつぶやきに耳を傾けてみましょう。
- 授業を深める重要なヒントを含んだつぶやきが聞こえてきます。
- キャッチしたつぶやきを学級全員で共有することによって，授業が深まります。

1 授業のキモ，切り返し

2 子どもにヒントを出させる

　わからない子どもがいると，自分が説明して何とかわからせようと四苦八苦している教師がいます。しかし，教師が説明すればするほど，子どもたちの学習に対する姿勢が受け身になり，うまく伝わらないという状況に陥ってしまうのです。
　このようなときは，どうしたらいいのでしょうか。

> ●わかっている子どもにヒントを出させる

のです。
　答えではなく，よいヒントを出さなければならないので，わかっている子どもも一生懸命考えなくてはならなくなります。わからない子どもも，そのヒントを手がかりに考えなければならなくなります。つまり，わかっている子どももわからない子どもも考えざるを得ない状況が生まれるのです。
　宇佐美寛氏は，「授業は子どもが苦しむ時間である」というようなことを言っていますが（もちろん，教師は授業の準備で苦しんでいます），教師が必死で説明していて，子どもが楽をして聞き流しているような状況では，子どもは鍛えられないのです。
　では，どのように授業を進めたらいいのでしょうか。
　数人の子どもだけがわかっている段階では，その子どもに前に出てきてもらってヒントを出させます。ヒントを聞いているうちに，多くの子どもたちから「あ，そうか！」「わかった！」などという声が上がるようになってきます。わからない子どもが少なくなってきたところで，次のように言います。
　指示 どうやって解いたらいいか，わからない人は立ちなさい。
　指示 この人たちが，問題を解くことができるように，よいヒントを出しましょう。
　わかった子どもたちは，よいヒントを出そうと次々と挑戦します。

立っていた子どもたちも少しずつ座っていきます。
なかなか座らない子どももいます。
そこで挑発します。
挑発 Aくんを座らせることができたら，すごいね。
Aくんにわかってほしいと，子どもたちは一生懸命ヒントを考えます。
「そんなヒントじゃ，わからないな」
いつの間にか，わからないAくんの方が，立場が上のようになってしまいます。そして，Aくんが座ると歓声が上がったりするようになるのです。
ヒントの出し方を学ばせるために，次のように問いかけてもいいでしょう。
発問 どのヒントが一番よかったですか。
なぜそのヒントがよかったのかを考えることで，よいヒントの出し方が学級全体で共有できるようになっていきます。
わからない子どもにわかってもらうために，どのようにヒントを出せばいいかを学んだ子どもたちは，グループ学習などでも，ヒントを上手に出せるようになってきます。
こうして，わからないことを堂々と言える雰囲気やわからない子どもを何とかわからせたいという雰囲気が生まれます。
教師が説明するのではなく，子どもがヒントを出す。
これだけで，授業は大きく変わるのです。

> **切り返しのポイント**
>
> ●わからない子どもがいるときには，わかった子どもにヒントを出させましょう。
> ●こうすることによって，教師対わからない子どもだけの授業から抜け出すことができます。わかった子どももわからない子どもも考える授業になるのです。
> ●よいヒントの出し方を学んだ子どもたちは，いろいろな場面でその力を活用できるようになっていきます。

1 授業のキモ，切り返し

3 子どもに教えられる

　子どもが思わぬ鋭い発言をして，唸らされることがあります。
　そのときには，素直に子どもに学び，その考えのすばらしさを意味づけてあげるといいでしょう。

　小学6年生に道徳の授業をしたときのことです。電車に立って乗っている妊婦さんに「座りませんか」などと声をかけているポスターと白杖をついて駅のホームを歩いている目の不自由な人に「お困りですか」などとと声をかけているポスター[1]の２枚を並べて次の発問をしました。
発問　「ひと声マナー」にはどんな力がありますか。
　ポスターには，「快適」「安心」などという言葉があったので，子どもたちは，これらの言葉を使って答えるだろうという予想をしていました。
　ところが，ある男の子が次のように答えたのです。
　「命を救う力がある」
　なるほど！と感心しました。「命」をキーワードにするという発想は私にはなかったからです。まさしく子どもに教えられた瞬間でした。ほかの子どもたちがピンときていないように思えたので，次のように切り返しました。
　「どうしてそう思ったの？」
　すると男の子は次のように説明しました。
　「妊婦さんのおなかには赤ちゃんがいるので，妊婦さんに席を譲れば赤ちゃんの命も安全になる。目の不自由な人に声をかければ，ホームから転落したりしなくなるので，その人の命を助けることになる」
　見事な説明でした。「命」というキーワードで２つの場面の共通点を説明で

きたことのすばらしさを伝え，次のように言いました。
「君の考え方は，大人ですね」

授業の感想から教えられることもたくさんあります。
別の小学校の5年生に「ひと声マナー」の授業をしたところ，次のような感想を書いた子どもがいました。
「『ひと声』をかけるときも，相手がどんなことを思っているかなど，相手のことをよく考えて『ひと声マナー』を行ってみようと思う。ほかの人にも『ひと声マナー』の大切さ伝えて，どんな人にもやさしい社会をつくっていきたい」
授業終盤で「学級にも『ひと声マナー』を」という展開をしたのですが，この子どもは学級だけでなく，社会全体にまで思いを馳せたのです。

> ●教師が子どもから学ぼうとする意識をもてば，授業のさまざまな場面で子どもに対して素直に言葉がかけられる

ようになってきます。
小学2年生がすばらしい発言をしたときには次のように言いました。
「そんなすごいことを考えるなんて，君は2年生じゃなくて4年生だよね」
その子どもはあわてて首を振って「2年生です」と答えましたが，その表情はとてもうれしそうでした。ある中学校で800名近い生徒を相手に全校道徳をしたときには，3年生が哲学的な発想で発言したので思わず言いました。
「君は，羽生結弦みたいな考え方をするね。フィギュアスケートをやってるの」
驚いたことにその生徒は「はい，やってました」と答え，どよめきが起きました。教師の素直な言葉かけが生んだドラマチックな瞬間でした。

> 💡 切り返しのポイント
> ●子どもの考え方に素直に学ぶ姿勢をもちましょう。
> ●そして学んだことを意味づけして伝えましょう。
> ●子どもからも素直に学ぶ教師の姿勢は，子どもたちにとって良いモデルとなるでしょう。

1）国土交通省鉄道局鉄道サービス政策室 提供（24ページも参照）

1 授業のキモ，切り返し

4 ささやかな動きをキャッチする

　授業中，子どもたちはさまざまな表情やしぐさを見せます。
　笑顔，うなずき，首を傾げる，困った表情，かすかな手の動き，目の輝き，感嘆の声などです。
　しかし，そのような表情やしぐさに無頓着な教師が多いように思えます。
　たとえば，笑顔を見せてくれた子どもがいたら，どうしますか。
　素直に「いい笑顔だね」と言えばいいのです。
　そして付け加えます。
　「そんなすてきな笑顔で授業を受けてくれると，先生もやる気が出るよ」
　これが表面的なほめ言葉だと，子どもの心には届きません。
　本気で伝えるのです。
　そのためには，

> ●教師は子どものささやかな動きを本気で受け止めることのできる感性をもつ

ことが必要です。
　そうすることによって，確実に笑顔の子どもが増えてきます。
　笑顔になると，思考も活性化します。学習効果も高くなるのです。

　うなずきも大切な反応です。
　かすかなうなずきでもいいのです。
　うなずいたということは，教師の話や子どもの発言を確かに受け止めたという合図です。
　うなずいた子どもに伝えます。
　「今，うなずきましたね。うなずくということは，相手の話をしっかり聞いて，ちゃんと受け止めました，という合図なのです。だからうなずかれた人は，と

てもうれしくなるのです」

　笑顔やうなずきに対して言葉を返すことによって，これまで無表情・無反応だった子どもの表情や反応が変わりはじめます。

　首を傾げた子どもにも積極的に言葉を返しましょう。
　次のような言葉を返してはどうでしょうか。
　「首を傾げた人がいますね。とてもすばらしい反応です。真剣に聞いていると，どういうことかな，どうしてだろう，という疑問が心の中からわき上がってくるのです。その気持ちが首を傾げるという行動に表れます。首を傾げるということは，真剣に考えているという証拠なのです」

　教師を対象とした講演会などでも，ささやかな動きをキャッチして積極的に言葉を返すようにしています。
　「そんな笑顔で聞いてもらえると，話していてとても気持ちいいです」
　「真剣な目ですね。学びたいという気持ちが伝わってきて，こちらの気持ちも引き締まってきます」
　こうした言葉を返すことによって，会場の雰囲気がだんだんよくなっていきます。しっかり聞きたい，学びたいという気持ちが全体に波及していきます。
　教師でもそうなのですから，子どもにはさらに大きな効果をもたらすのです。
　ささやかな動きをキャッチして本気の言葉を返し，学級全体を学びたいという気持ちでいっぱいにしましょう。

> 💡 **切り返しのポイント**
> ● 子どもたちが授業中に見せるささやかな動きを見逃さないでしっかりとキャッチしましょう。
> ● キャッチしたら，思いを込めて言葉を返しましょう。
> ● 学びたいという雰囲気が教室を満たすようになっていきます。

■ 授業のキモ，切り返し

5 ユニークな考えを生かす

　子どもたちは，実にユニークな考えを出してくれます。
　しかし，多くの教師は，想定外のユニークな考えが出されるとどのように扱っていいかわからず，「ほかの意見はありませんか」などと言ってしまいます。
　ある校長先生が，次のような思い出話を聞かせてくれたことがあります。

> 　若い頃，島の小さな中学校に勤務していたときのことです。
> 　担任していた生徒は1人。
> 　対外的に授業公開することになり，70名ほどの参観者がありました。
> 　たった1人の生徒は，とてもまじめで，こちらの発問に一生懸命答えてくれていました。
> 　しかし，ある発問に対する答えが返ってきたとき，思わず「ほかにありませんか」と言ってしまったのです。自分が求めていた考えではなかったのです。たった1人の生徒に対して「ほかにありませんか」と言ってしまった自分が恥ずかしくなりました。

　この話を聞いたときは思わず笑ってしまいましたが，想定外の意見が出てしまうと，たった1人の生徒相手の授業でも，「ほかの意見はありませんか」と言ってしまうものなのです。
　ユニークな考えが出されたときに，どうしたら生かすことができるのでしょうか。教師が自分自身でその意見を処理しようとせずに，次のような方法を採るのです。

●学級のほかの子どもたちに，その考えをどう思うか問いかける

　たとえば，Aくんがユニークな考えを出した場合，まず次の指示を出します。
　指示 Aくんの考えを聞いて，なるほどと思ったら〇，ちょっとちがうなと思ったら×をノートに書きなさい。

次に、○か×かに挙手させて、少数意見の方からその理由を発言させていきます。

そして、○や×の理由に対して意見があれば発言を促します。

これがきっかけになって、討論に発展していく場合もあります。

以上のような展開によって、ユニークな考えが学級全体で共有され、新たな刺激として作用するのです。

すべてのユニークな考えが、学級全体で共有する内容であるわけではありません。学級全体に問いかけて考えさせるほどの考えではないと判断したら、

「なるほど、あなたはそんなふうに考えたんですね」

「おもしろい考えですね」

「よくそんなことを思いついたね」

などと言って受け止めてあげればいいのです。受け止めてもらえたと感じた子どもは、それで満足するのです。そして、自分の考えに自信をもつようになり、授業に対する積極的な姿勢が育っていきます。一番よくないのは、その考えを無視するかのように「ほかに？」などと言うことです。

ユニークな考えが出されたら、学習内容を深めるチャンスだと考え、学級全体に投げかけてみましょう。試行錯誤しながら続けていくことによって、だんだんユニークな考えを生かすコツがつかめるようになってきます。

ユニークな考えを生かせるようになれば、授業が思わぬ展開を見せ、おもしろくなっていくのです。

> **切り返しのポイント**
> ●ユニークな考えが出たら、学習を深めるチャンスです。学級全体に問いかけて、その考えをどう思うか判断させましょう。
> ●全体で取り上げるほどの内容ではないと判断しても、「おもしろい考えですね」などと言って、しっかり受け止めてあげましょう。
> ●こうすることによって、子どもたちは自分が考えたことを積極的に発言するようになっていくのです。

1 授業のキモ，切り返し

6 マイナスの状況を活用する

　授業をしていてマイナスの状況に陥ることがあります。
　子どもがあまり挙手しない，発言が少ない，考えることがピンときていない……などなど。
　このようなとき，どうしたらいいのでしょうか。
　多くの教師は，そのまま進めようとしてしまいます。
　あまり挙手していなければ，挙手している子どもの中からだれかを指名する，発言が少なくてもそれ以上発言を求めない，わかった子どもだけで授業を進めるなどです。
　しかし，子どもがあまり挙手していないのに，挙手している子どもを指名して授業を進めたらどうなるでしょうか。「挙手しなければ発言しなくていいのだ」という指導をしていることになってしまいます。
　また，発言が少ないのに「それでよし」としていたら，もっともっと考えよう，とする姿勢が身につきません。
　こんなときは，少し発想を変えてみてはどうでしょうか。

● マイナスの状況を活用する

という発想です。マイナスの状況を活用して，子どもを鍛えるのです。
　小学３年生の道徳授業で次のような発問をした場面がありました。
発問 手は毎日何をしていますか。
　この発問にはだれでも答えられるはずです。それなのに挙手したのは数名のみでした。
　授業が始まったばかりなのに，挙手した子どもだけを指名したら，多くの子どもたちの意識はこの授業から離れていってしまいます。
　では，どうしたらいいのでしょうか。
　次のように問いかけるのです。

[発問] 手を使ったことがない人はいますか。

　だれも手を挙げないでしょう。ということは，どの子どもも「手を使ったことがある」という意思を表明していることになります。全員手を使ったことがあるということが確認できたのですから，この後は，だれを指名してもいいのです。これだけで教室に緊張感が生まれます。

　発言が少ないときはどうでしょうか。
　そのときは，少ない発言を活用すればいいのです。
　たとえば，Aくんが発言した後，いきなりBくんを指名して，次のように言うのです。
　「Aくんが言ったのは，どういうことですか」
　指名された子どもは，Aくんの発言を自分の言葉で言い直さなければならなくなります。
　Bくんが発言したら，Aくんに言います。
　「Bくんの言ったとおりですか」
　こうして少ない発言でも，学級全体に広げていくことができるのです。
　次のような問いかけも考えられます。

[発問] Aくんの言ったことがわかりましたか。

　そうすると，うなずく子どもがいます。
　そこで，その子どもを指名して言います。
　「わからない子もいるようなので，Aくんの言ったことを説明してください」
　このようにして，マイナスの状況も子どもを鍛える場面に変えることができるのです。

> **切り返しのポイント**
> ●マイナスの状況に遭遇したら，子どもを鍛えるチャンスだと考えましょう。
> ●マイナスの状況をうまく活用して，子どもを追い込むのです。停滞気味の教室の空気が一変するはずです。

2 ひとつの指導をすべてに生かす

1 発言を意味づける

　子どもたちは，実に多様な発言をしてくれます。
　しかし，その発言をしたことの手応えを子どもたちは感じているのでしょうか。
　多くの授業では，教師はその発言を板書して名札カードを貼ったりするだけで終わっています。
　大切なのは，

> ●その発言をした子どもと聞いた子どもたちに新たな学びをもたらす

ということです。そのために，

> ●発言を意味づける

という対応が必要なのです。
　では，どのように意味づければいいのでしょうか。
　右のようなイラストを示して，次のように問いかけます。
　発問　気づいたこと，考えたこと，はてなと思ったことがありますか。
　子どもたちからは，次のような発言が返ってきます。
　「空き缶がころがっている」
　この発言をどのように意味づければいいのでしょうか。

（ポスターのイラスト部分だけを提示[1]）

　次のように意味づければいいのです。
　「こんな小さいところによく気づきましたね」
　このように意味づけることによって，子どもたちは「小さい部分に着目す

ることが大切だ」ということを学びます。
　「電車の外は，とてもいい天気だ」
という発言があったときには，
　「電車の外にまで気がつくなんてすごいですね」
と意味づけます。この意味づけよって，「背景も注意深く見ることが大切だ」ということを学びます。
　次のような発言も出てきます。
　「おばあさんはすました顔をしているけど，荷物を座席に置いているので，まわりに迷惑をかけている」
　この場合には，次のように意味づけてあげます。

（ポスターの全体）

　「表情に目を向けたのですね。表情は何かを考えるときにとても大切な要素です」
　このように意味づけると，「人物の表情に目を向けることが大切だ」ということを学びます。
　このように子どもの発言を意味づけすることによって，教材に対する観察眼が鍛えられていくのです。
　瞬時に意味づけられるようになるまでは，ある程度の経験年数が必要です。少し長い道のりになりますが，あきらめないでチャレンジしていきましょう。
　「子どもの発言を意味づけしよう」という意識をもって授業に臨めば，確実に対応力が高まります。

> **ひとつの指導をすべてに生かすポイント**
> ● 「子どもの発言を意味づけしよう」という意識をもちましょう。このような意識をもてば，発言に対して何らかの言葉をかけることができるようになってきます。
> ● 何度も言葉をかけているうちに，だんだん的確な意味づけができるようになってきます。
> ● 教師が意味づけした言葉によって，子どもたちは思考する時の大切な視点を学ぶことができるのです。

1) 愛知県教育委員会「公共の場におけるモラル・マナー」向上ポスター

2 ひとつの指導をすべてに生かす

2　すべてを受け止める

　子どもの学習意欲を高めるために大切なことは何でしょうか。
　それは，

> ●子どもの発言のすべてを受け止める

ということです。
　このような教師の姿勢が，「この先生はどんな考えでも受け止めてくれる」という安心感を生み出します。
　子どもの発言のすべてを受け止めるポイントは，

> ●子どもが発言したらうなずく

ことです。教師がうなずくだけで，「先生は自分の考えを受け止めてくれた」と感じるのです。ところが多くの教師は，あまりうなずかないのです。せっかく子どもが一生懸命考えて発言してくれたことに感謝する気持ちをもてば，自然とうなずけるようになっていきます。
　もう1つのポイントは，

> ●言葉をかけてあげる

ということです。
　次のような言葉をかけてあげればいいのです。
　「なるほど！」
　「その考えはおもしろいね！」
　「よく考えたね！」
　「先生もそんな考えは思い浮かばなかったよ！」
　もちろん口先だけでは子どもの心に響きません。本気でそう感じる心が大切です。

教師を対象に模擬授業をすることがあります。

授業を受けた教師は，次のような感想を述べます。

・自分の考えを受け止めてもらえてうれしかった。

・うなずきながら聞いてもらえると自信が湧いてきます。

・意見を発表した後，「なるほど！」という言葉をかけてもらって，発表してよかったと思いました。

・問われていることと少しずれた意見を出したのですが，「そんな考え方もあるよね」と言ってもらえてうれしかったです。

教師でさえ，すべて受け止めてもらっていると感じたら，これくらいうれしいのです。

子どもだったら，もっともっとうれしく感じることでしょう。

この先生には，どこまでもついていこうと思う子どもも出てきます。

「子どもの発言をすべて受け止める」このような意識をもてば，子どもたちの学習意欲が大きく高まるのです。

あるとき，考えを聞こうとしたら，うまく言葉にならず黙ってしまった教師がいました。

そこで，次のように言いました。

「一生懸命考えようとして，言葉がうまく出てこないんですね。真剣に考えていることが表情から伝わってきますよ」

何も言わなくても，表情やしぐさが発言しているはずです。それをそのまま受け止めればいいのです。

ひとつの指導をすべて生かすポイント

● 「子どもの発言をすべて受け止める」という意識をもちましょう。
● 子どものどのような発言に対しても，まずは「うなずく」「言葉をかける」ことを心がけましょう。
● こうすることによって，子どもたちは安心して発言するようになります。

2　ひとつの指導をすべてに生かす

3　変容を波及させる

　子どもたちは，授業の中でさまざまな変容を見せてくれます。
　せっかく子どもたちが変容の姿を見せているのに，教師はあまりその姿を評価していないようです。
　教師の重要な役割の1つは，

>　●子どもの変容をきめ細かにキャッチして，学級全体に波及させる

ことなのです。
　国語の授業に限らず，音読させる場面が数多くあります。
　そのとき，子どもたちの音読の声に覇気がない場合があります。
　そこで，次のように言います。
|発問| 今の音読が自分の最高の音読だ，と言える人はいますか。
　ほとんどの子どもは手を挙げません。そこで，次の指示を出します。
|指示| これが自分の最高の音読だ，という音読をしましょう。
　この指示によって，子どもたちの音読は大きく変わります。
　ところが，このような変容を，「指導したのだから変わって当たり前」ととらえる教師が多いのです。子どもたちは教師の指導に従って，一生懸命努力したのです。その努力が認められなかったら，報われなかったという思いを抱くことでしょう。
　子どもたちが変容したら，次のように言えばいいのです。
　「1回目の音読と比べて，すごくよくなりましたね」
　「こんな音読をすることができる力をもっていたのですね」
　「気持ちのこもった音読を聞くと，うれしくなります」
　このような言葉をかけられた子どもたちは，「がんばってよかった」と思います。そして，「次もがんばろう」という気持ちが高まります。
　さらに音読をよくしたいときは，次のように問いかけることもできます。

|発問| もっとすばらしい音読ができそうだと思う人はいますか。

　何人もの子どもが挙手することでしょう。

　そこで，もう一度音読にチャレンジさせて変容をほめるのです。

　子どもは，授業中の行動でもいろいろな変容を見せてくれます。

　たとえば，手の挙げ方がよくないAくんがいたとします。そのときには，隣のBくんに，次のように問いかけます。

|発問| Aくんの手の挙げ方は，100点満点中，何点ですか。

　Aくんの手の挙げ方を見たBくんは「60点」と答えます。

　そこで，Aくんに言います。

|指示| Bくんに100点と言ってもらえるような挙手をしてみましょう。

　この言葉によって，Aくんの挙手は大きく変容します。

　もう一度Bくんに聞きます。

|発問| Aくんの手の挙げ方は，100点満点中，何点ですか。

　当然，Aくんへの評価は大きく高まります。

　Bくんの評価を受けて，Aくんに言います。

　「60点だったのが，90点になりましたね。すばらしいことです」

　大きく変容したAくんの姿を見た子どもたちは，自分も高く評価してもらえるような挙手をしようとするようになっていくのです。

　なお，このような指導をするときには，しっかりと声を出すことやピンと伸びた挙手をすることがなぜ大切なのか，という意味を伝えることも忘れないようにしましょう。

> **ひとつの指導をすべてに生かすポイント**
> - 期待するような子どもの反応がなかったときには，大きく変容させるチャンスだと考えましょう。
> - 子どもの反応をとらえて，もっとよくするためにはどうすればいいかを問いかけましょう。
> - 子どもたちは１回目よりも確実にレベルの高い反応を見せてくれます。その反応をほめることによって，子どもは大きく成長するのです。

2　ひとつの指導をすべてに生かす

4　無駄な時間をつくらない

　授業時間は，1分たりとも無駄にできません。

　無駄な時間がある授業では，子どもたちが育たないからです。

　指導力の低い教師の授業では，特に無駄な時間が目立ちます。どのような場面で無駄な時間が発生するのでしょうか。

　それは，次のような場面です。

　A　教師が指示した作業に個人差が出る場面

　B　教師が個別指導に没頭している場面

　C　教師が子どもに背を向けて板書をしている場面

　D　教師が授業開始時刻に少し遅れる場面

　E　子どもが意見を発表している場面

　ところが，多くの教師は，無駄な時間が発生していることに気がついていないようなのです。

●A　教師が指示した作業に個人差が出る場面

　このような場面だと，教師が板書した「めあて」をノートに書かせる場面があります。

　無駄な時間に対する意識が弱い教師の学級では，早く視写できた子どもとなかなか視写できない子どもに，すでに1～2分の差が生まれています。ひどい学級になると，視写し終えた子どもが何人もいるのに，ようやく鉛筆を取り出す子どもがいたりします。

　授業開始早々，無駄な時間が発生しているのです。

　意識の高い教師であれば，次のようにするでしょう。

|指示|　これから「めあて」を書きます。先生と同時に書き終わるようにしましょう。

　教師が「めあて」を音読しながら書いていけば，子どもは聴写することもできます。

4月からきちんとこのような指導をしていけば，教師が書き終えると同時にほぼすべての子どもが書き終わるようになるのです。

●E 子どもが意見を発表している場面

Eの場面がどうして無駄な時間になるのかなと不思議に思った人もいるのではないでしょうか。子どもが発表しているのだから，それは無駄な時間ではないのでは，と。

しかし，意見を聞いている子どもの表情をよく観察してみてください。

意見を聞いていない子ども，聞いているふりだけしている子ども，聞いているけどよくわかっていない子どもなどが何人も見つかるはずです。

どうしてこのような子どもが出てきてしまうのでしょうか。

それは，意見の聞き方を指導されていないからです。

だれかが発表した後，聞いていた子どもの1人を突然指名して次のように聞いてみてください。

「今，どんなことを考えながら聞いていましたか」

指名された子どもは，しどろもどろになるはずです。

だれかの意見を聞くときの頭の中はどのようになっていなければならないかを指導しましょう。

- ●自分の考えと同じか違うか
- ●よくわからないところはどこか
- ●わからないところがあったらどんな質問をすればいいか
- ●発言の中によい表現があるか，なぜそれがよい表現なのか

このような指導をすることによって，発言に対する意識が大きく変わってきます。

その後も，時々聞いている子どもの1人を突然指名すると緊張感をもって意見を聞くことでしょう。

以上のように無駄な時間をつくらないような指導を心がけることも大切ですが，思わぬ場面で無駄な時間が発生することもあります。そのようなとき

にはどうしたらいいのでしょうか。大切なのは，

> ●子どもの意識を変えること

です。

たとえば，次のような話をして考えさせます。

> 授業は，頭を鍛えるための大切な時間です。だから，1分でも1秒でも無駄にしたらもったいないのです。
>
> でも，授業時間中にいつの間にか無駄な時間が生まれることがあります。たとえば，算数の問題が出されて自分が早く終わったときや何かの順番を待っているときなどです。もしかすると先生が何かの用事で授業時間に少し遅れることだってあるかもしれません。
>
> そんなときに時間を無駄にしないようにするにはどうしたらいいでしょうか。

先生が授業時間に遅れたときには，
・これから学習するところを読んでおく
・前の時間の復習をしておく
などいろいろなアイデアが出されるでしょう。

このような話し合いをしておくと，実際の場面で実行する子どもが出てきます。その姿を見逃さないように，しっかりとキャッチし，ほめましょう。こうすることによって，子どもたちの意識が変わり，行動が変わってきます。

無駄な時間を自分で活用できる子どもが育つのです。

> **ひとつの指導をすべてに生かすポイント**
> ●授業中に無駄な時間が発生していないか振り返ってみましょう。
> ●無駄な時間が見つかったら，改善のための具体的な指導方法を考えましょう。
> ●一番大切なのは，子どもの意識を変えることです。時間を無駄にしないようにしようという意識が育てば，子どもの力はグンと伸びていくでしょう。

第 Ⅳ 章　授業の質を高める

~ビデオを活用した授業改善のコツ~

1. 授業を「メタ化」*する
   *ここでは「自分の授業をメタ認知化する」という意味で使っています。
2. 授業を変える5つのチェックポイント

1 授業を「メタ化」する

1 「自分はこうやっている」授業への思い込み

　教師は，いつの間にか自分の授業スタイルを作り上げています。
　その授業スタイルに対して疑いをもつことはめったにありません。
　だからこそ，だれかが指摘する必要があります。
　しかし，ほとんどの教師はそのような指摘をしてもらう機会もないまま，教師としての経験年数を重ねていきます。そして，重ねていけばいくほど，「自分のやり方でいいのだ」という固定観念にとらわれていくのです。
　そうならないためには，できるだけ若い時期に，自分の授業スタイルを見直す機会をもつようにするとよいでしょう。そして，見直すときに大きな力を発揮するのが，授業ビデオなのです。

　この授業では，開始と同時に子どもたちに右下のイラストを提示し，次の発問が出されました。
　発問　この絵を見て何か気がついたことがありますか。
　子どもから，次のような発言がありました。
　「でっかい人がずっとブランコに乗って，小っちゃい子に乗せない」
　この発言に，授業者は次のように返しました。
　「なるほどね」
　この受け止め方はどうでしょうか。

（「よこはいり」より[1]）

　まずは子どもの発言をそのまま受け止めようとする意識は感じられます。
　このような言葉すら発しない教師が多い中で，初任者でありながらこの言葉がスムーズに出てくるとは大したものです。しかし，この言葉だけでは，子

どもの気づきを十分に受け止めているとは言えません。一歩踏み込んで切り返し，気づきのすばらしさを引き出す必要があります。たとえば，次のように切り返すのです。

「どうして，ずっと乗ってることがわかったのですか」

そうすれば，子どもは何となく感じて発言した内容を少し深く考えます。おそらく次のように答えるでしょう。

「ブランコに乗っている男の子はいばった顔をしているし，それを見ている子どもたちは困った顔をしているから」

この考えを引き出したところで，次のように言うのです。

「子どもたちの困った顔から，ずっと乗っていると想像したんですね。2年生とは思えない気づきですね」

このようなやりとりによって，発言した子どもは，自分の目の付けどころに自信をもち，ほかの子どもたちは，気づきの発見の仕方を学ぶのです。

すばらしい気づきを生かすことができているかどうかを発見するためには，

> **CHECK!**
> 子どもの発言の意味を十分に理解して生かそうとしているかという視点で観る

ことです。子どもの発言を的確に意味づけることができれば，発言した子どもばかりでなく，まわりの子どもたちも学びが深くなっていきます。

「これで子どもの発言を受け止めることができた」という思い込みを捨てることから，質の高い授業づくりへの第一歩が始まるのです。

> **授業を「メタ化」するポイント**
> ● 「自分は子どもの発言をきちんと受け止めている」という思い込みを捨てましょう。
> ● この発言をどう切り返したり，意味づけたりすれば，発言した子どもやまわりの子どもたちの学びが深くなるかを考えましょう。
> ● 子どもの発言を生かすことで，学びが深くなっていくのです。

1）愛知県小中学校長会編『どうとく あかるいこころ 2年』公益財団法人 愛知県教育振興会，所収

1 授業を「メタ化」する

2 「客観的」な視点で授業を見直す

　前ページの授業は，最初のイラストを示して，気づいたことを発表させた後，次のように展開されました。

　「この後，どうなっていくのかな」

　「今日は，このお話を勉強していきます」

　「お話の題名は（と言って『よこはいり』と板書する）」

　イラストを手がかりに，後の展開を予想させようとした発想はとてもよかったと思います。

　ただ，この場面を見ていて残念だったのは，資料に掲載されていた残り2枚のイラストへの着目が弱かったことです。

　1枚目は，右に示したイラストです。

　あんなにいばってブランコに乗っていた男の子が，きまりの悪そうな顔をして去っていき，みんなが笑顔になっています。

　子どもたちは，「いったい何があったのだろう」と不思議に思います。このイラストを活用すれば，子どもたちの資料への興味をさらに高めることができたのです。

　2枚目は，トラブルの発端となるイラストです。

　この2枚のイラストも使うとどのような授業を展開できたでしょうか。

　たとえば，3枚のイラストを順番に提示して，次のような発問をすることもできま

（「よこはいり」より[1]）

[発問] いったいどんなお話でしょうか。

　子どもたちは，イラストを手がかりに，あれこれと話の内容を想像するでしょう。そして，想像するうちにだんだんそのお話を読みたくなってきます。このように子どもたちの資料への興味関心を高めてから配付すれば，より積極的に資料を読んだことでしょう。

　授業を「客観的」な視点で見直すときに大切なことは何でしょうか。

　それは，

> **CHECK!**
> この授業の展開がうまくいったと思わないで，別の可能性もあったのではないかという視点で観る

ということです。

　この場合で言えば，授業者は，1枚のイラストでうまく導入できたように感じたかもしれません。しかし，そこで満足していたら，よりよい授業を創り出すことはできません。

　残り2枚のイラストの活用方法を工夫すれば，よりよい展開ができたかもしれないという意識をもって授業を見直すのです。

　授業を「メタ化」して見直すためには，うまくいったように思える展開も，さらによくする方法があったのではないかと常に考えること，これが授業の質を高めることにつながるのです。

💡 授業を「メタ化」するポイント

- 授業の展開がうまくいったと思っても，安心しないことが大切です。
- 「もっとほかの可能性があったのではないか」という意識をもって，自分の授業を「客観的」に見直しましょう。
- 自分の授業に厳しい視線を向けることで，授業の質は確実に高まっていくのです。

1）愛知県小中学校長会編『どうとく あかるいこころ 2年』公益財団法人 愛知県教育振興会，所収

1 授業を「メタ化」する

3 授業の細部まで学ぶ

　授業参観は,学級の空気感を肌で感じることができるよさがあります。反面,一瞬で次の場面に移り変わっていき,授業の細部までじっくり学ぶことは困難です。ですから,自分が興味を惹かれた場面しか印象に残りません。

　しかし,授業ビデオは何度も繰り返し再生ができるため,見るたびに新しい発見があります。この特性を生かして,授業の細部まで大いに学びましょう。

　学ぶときのビデオの見方には2つあります。

CHECK!
- 授業のよさをできるだけたくさん発見しようという意識をもって観る
- 授業の改善点を発見するためにちょっと気になった場面を注意深く観る

　学ぶときに重要なのは,「どのような授業からでも学ぶことができる」という意識をもつことです。指導力の未熟な大学院生の授業を年間何十本も参観しますが,それらの授業から学べることは膨大です。

　それでは,ここで取り上げている授業からいくつか学んでみましょう。

　ある子どもの発言が終わった後,3人の子どもが挙手しました。

　ここで,授業者は,
「Aくん,手の挙げ方が気持ちいいね。Aくんどうぞ」
と言って,Aくんを指名しました。

　さりげない場面ですが,どのようなことが学べるでしょうか。

　まず学べることは,挙手の様子をきちんととらえて,ほめているということです。Aくんの挙手は指先まで神経をいき届かせています。子どものよさを場面場面できちんととらえて言葉

98

をかけることは子どもを育てる上でとても大切なことです。

しかし，改善点も見えてきます。Aくんの挙手の仕方を学級全員に学ばせる機会としてとらえることもできたのではないか，ということです。たとえば，次のように言うのです。

指示 Aくん，手の挙げ方が気持ちいいね。Aくんに負けないような手の挙げ方ができるかな。やってみましょう。

Aくんをモデルにして，学級全員に挙手させるのです。

全員がすばらしい挙手をしたところで，「全員Aくんみたいになりましたね。とても気持ちいいです」とほめます。わずか10秒程度でできることです。このような機会をとらえて指導を繰り返し，子どもを育てることが大切です。

こうやってビデオを観ていくと，次のように学びを整理することができます。

- 学び① すばらしい子どもの姿（この場面ではAくんの挙手）を的確にとらえ，すかさずほめているか。
- 学び② すばらしい子どもの姿を学級全体に波及させようとしているか。波及させるためには，どのような指導を行えばいいのか。

この場面では，Aくんはほめられましたが，それはほかの子どもには波及していません。その証拠にこの後の挙手の場面で，Aくんのようなすばらしい挙手をする子どもは見られませんでした。機会を逃さず学級全員を育てようとする意識をもつことが大切なのです。

2つの視点を生かしてビデオを観る作業を積み重ねていけば，見逃していた子どもの姿がたくさん見えてくるようになるのです。

💡 授業を「メタ化」するポイント

- 授業ビデオの特性を生かして，授業の細部まで学びましょう。
- 学ぶときに意識したいことは，「どのような授業からでも学ぶことができる」ということです。
- 同じ場面でも，授業のよさと改善点の両方を学べる場合があります。2つの視点を生かして，授業改善に生かしていきましょう。

2 授業を変える5つのチェックポイント

1 授業開始・最初の一言

　授業の最初に，あいさつをする学級が多いようです。
　この授業でも，次のように始まりました。
　当番：休め。気をつけ。今から4時間目の勉強を始めます。
　全員：は〜い。
　当番：おねが〜いしま〜す。
　全員：おねが〜いしま〜す（と言って礼をする）。
　ここですでに気になることがあります。

　最初に「休め」という号令がかかりました。しかし，正しい「休め」の姿勢ができている子どもは少ないのです。毎日毎時間適当な「休め」の姿勢をしているのでしょう。このような指導が，子どもにとってマイナスの指導になっていることに気づかないのです。

　「は〜い」という返事や「おねが〜いしま〜す」の言い方も気になります。返事をさせるのであれば，「はいっ」という歯切れのよい返事をさせるべきです。「おねが〜いしま〜す」も間延びした言い方になっています。いわゆる教室節なのでしょう。小学2年生でも，一度指導すれば，きっぱりとした言い方ができるようになるのですが，教師自身がこのような言い方に違和感を感じなくなっているのでしょう。正しい言い方を身につけさせたいものです。

　礼の仕方もいい加減です。

　教師も子どもと同時に礼をしているので，子どもの状態が見えないのです。

　あいさつや礼は，何のためにどんな気持ちでするのか，という指導を行って，気持ちを込めてやらせてこそ，子どもの力になっていくのです。

> **CHECK!**
>
> 「休め」の姿勢，あいさつの言葉，礼の仕方など，基本的な習慣がきちんと身についているかを観る

さて授業が始まりました[1]。

教師は1枚の絵を取り出し，子どもたちに見せて次のように言いました。

「今日はこんな絵が描かれているお話を勉強します」

発問 この絵を見て何か気がついたことがありますか。

余計な言葉がなく，すっきりとした導入です。しかも子どもの興味を引くイラストを提示しているので，ほとんどの子どもたちが絵に注目しています。

多くの道徳授業では，次のように始まります。

「友だちにやさしくされてうれしかったことがありますか」→このような生活経験を聞かれても，ほとんどの子どもは関心を示しません。

> **CHECK!**
>
> 授業開始の最初の言葉や教材の提示で，子どもたちを引きつけることができる工夫をしているかを観る

それによって子どもたちの学習に臨む姿勢は大きく変わってくるのです。

💡 授業を変えるポイント

- 授業の最初に，あいさつや礼をしているのであれば，意味や姿勢などをきちんと指導して，正しく行わせましょう。
- 授業開始の一言や教材の提示は，子どもたちの興味関心を高める工夫をしましょう。子どもたちが意欲をなくしてしまうような一言から授業が始まると，思考のスイッチはなかなか入らないのです。

---

1) 以下（P.100〜P.110）の授業は資料「よこはいり」（愛知県小中学校長会編『どうとく あかるい こころ 2年』公益財団法人愛知県教育振興会，所収）で行った。

2 授業を変える5つのチェックポイント

2　教師の立ち位置・姿勢

　授業中，教師がどこに立っているかは，授業の質を高めるための重要な要素の1つです。

　この授業で，資料を範読する場面がありました。

　右の写真を見てください。

　何か気づくことはないでしょうか。

　範読をしながらも，子どもの反応を注意深く観察しています。

　このような観察をしていると，子どもが，資料のどの部分に興味をもったのか，どの部分で何を考えようとしたのかがだんだんわかるようになってきます。

　若い教師は，範読することに一生懸命で，なかなかこのような観察まで意識がいかないものです。

CHECK!

どのように子どもの反応を観察して，心の動きをキャッチしようとしているかを観る

ことが大切です。

　このような意識をもつことによって，ささやかな心の動きに気づくことができるようになるのです。

　右の写真を見てください。

　何をしているところかわかる

でしょうか。範読についてこれていない子どもに「今，ここを読んでいるよ」と指で教えているのです。

　このような指導ができるのも，子どもの反応を観察しているからなのです。

　ある教育活動をしているときに，教師がどのような立ち位置をとっているのかによって，子どもへの指導が大きく変わってきます。

　資料の範読などのように，教師が何かをやらなければならないときにも，

> **CHECK!**
> 子どもの反応をどのように見取るか，見取った反応に対してどのように対応しているかを観る

ようにしましょう。そうすることによって，自分の立ち位置や姿勢を改善する手がかりをつかむことができるようになります。

　子どもの意見を聞くときの立ち位置にも，配慮がありました。

　右の写真を見てください。

　授業者は，発言する子どもの反対側に立っています。

　こうすることによって，子どもは自然と学級全体に対して発言することになります。教師は，学級全体の子どもたちの反応を把握することができるので，次の展開に生かすことができるのです。

　教師の立ち位置ひとつで，子どもの姿勢も大きく変化するのです。

> **授業を変えるポイント**
> ●教師の立ち位置で最も意識すべきことは，子どもの反応を的確にキャッチすることができる立ち位置かどうかです。
> ●立ち位置が的確であれば，子どもの反応を見逃さなくなり，適切な対応ができるようになります。
> ●立ち位置を意識することによって，授業の質が高まるのです。

2 授業を変える5つのチェックポイント

3 発問・指示

　発問は，子どもの思考のスイッチを入れるために，最も重要な武器です。ですから，自分の発問が，

> **CHECK!**
> 子どもの思考を刺激する発問になっているかを観る

ことが大切です。

　この授業では，次のような発問をする場面がありました。

発問　おさむさん（いばってブランコに乗っている男の子）が「よこはいり」したときのわたしは，どんな気持ちだったでしょうか。

　この発問が出されたとたん，子どもがつぶやきました。

「いやな気持ち」

　このつぶやきを取り上げずに，挙手した子どもを指名しましたが，その子どもは，

「いやな気持ち」

と答えました。

　この発言の後に指名された子どもも「いやな気持ち」と答えました。

　この後，次のような発言もありました。

「もう友だちじゃない」

「横取りされて仕返ししてやりたいという気持ち」

「泣きそうな気持ち」

　これらの発言は，子どもたちの勝手な想像にすぎません。

資料には次のように書いてあるのです。

> わたしたちは，(そんなこと，やめなさいよ。)と，ちゅういしようと
> おもいました。　　　　　　　　　　　　　　（前記「よこはいり」より）

横取りされたのは，「わたし」（2年生）ではなく，1年生なのです。

子どもたちが，いかにいい加減に資料を読んでいるかがうかがえる発言です。

しかし，授業者は，いい加減な読みをしていることを指摘するどころか，子どもの発言を次々に板書していきました。

この発問のまずさはどこにあるのでしょうか。

それは，「わたし」の気持ちを問いかけたことです。だから，気持ちを適当に答えた子どもたちの発言を的確に判断できなかったのです。

では，どのような発問が考えられるでしょうか。

たとえば，次のような発問が考えられます。

発問 おさむくんは，ブランコに乗りたくてたまらなかったのだから，「よこはいり」しても仕方ないですね。

やや挑発的な発問です。このような発問こそが，子どもの思考を刺激するのです。「仕方なかった」と「それはおかしい」とに意見が分かれます。双方の意見を採り上げて議論させれば，子どもたちの考えは深まったことでしょう。

思考を刺激する発問が，子どもの考えを深め，授業の質を高めます。

授業を変えるポイント

- 子どもの思考を刺激する発問を考えましょう。
- 思考を刺激する発問になっているかどうかを考える時には，自分が子どもだったら思考を刺激されるか，自問自答するといいでしょう。
- 思考を刺激する発問が，授業の質を高めます。

2 授業を変える5つのチェックポイント

4 授業の山場

　授業の山場とは何でしょうか。それは，
　●本時の目標を達成するために最も重要な場面
のことです。
　ここでの授業展開が，授業の成否を大きく左右するのです。
　授業の山場で，どのようにすれば，授業を成功に導くことができるのでしょうか。実際の授業場面で考えていきましょう。
　授業の山場にさしかかったとき，次のように展開されました。
「にらまれたときのわたしの気持ちって，どんな気持ちだと思いますか」
「では，そこのワークシートに書いてみましょう」
「じゃあ，2分」（と言ってタイマーをセットする）
　授業の山場で，考えをノートに書かせることは，とても重要な作業です。

　じっくり考える時間を与えることで，本時の目標の達成に迫ることができるからです。しかも時間を2分間と限定しています。これは重要な指示です。限定されることによって，より集中して子どもたちは一生懸命に自分の考えを書きはじめました（右上の写真）。

　書く指示を与えた後の教師の動きも大切です。1人1人がどのような考えをもっているのかを把握して，次の展開に生かすようにしなければならないので

106

す。この場面で、授業者は1人1人の考えを把握するために、丁寧な机間指導を行っています（左ページ下の写真）。当たり前の行動のように思えますが、意外とこのような机間指導をしている教師は少ないのです。

残念だったのは、この後の展開です。

書く作業が終わった後、次のように発問したのです。

発問 おさむさんににらまれたときのわたしの気持ちは、どんな気持ちですか。

全員が自分の考えを書いているのだから、意図的に指名すればよかったのです（右の写真）。

授業の山場で観るべき重要な観点は、次の3点です。

CHECK!

①1人1人にじっくり考える時間を与えているか
②1人1人の考えを把握しているか
③把握した考えを活用して意図的に指名しているか

この3点を意識した展開をすることによって、本時の目標に迫る授業の山場をつくることができるのです。

授業を変えるポイント

- 授業の山場では、子どもたちにじっくりと考える時間を与えましょう。
- 子どもたちが考えている時間を有効に活用して机間指導を行い、1人1人の考えを把握しましょう。机間指導のときに大切なことは、次の展開に生かせる考えをしている子どもを的確にとらえることです。
- その子どもたちを意図的に指名することによって、より効果的に本時の目標に迫ることができるのです。

2　授業を変える5つのチェックポイント

5　終末・まとめ

　授業の終末・まとめは，どうしたらいいのでしょうか。
　授業の終末は，
　●学習内容について何らかの結論が出る場面
です。道徳であれば，

CHECK!

> 学習内容を身近な問題としてとらえさせ，自分の生き方に生かすにはどうしたらよいかを考えさせようとしているかを観る

ことが大切です。この授業の終末では次の発問が出されました。
発問 おさむさんに注意した「わたし」を自分だったらどう思いますか。

　この発問を聞いたとき，「自分だったら」の意味がよくわかりませんでした。なぜ「自分だったら」がついているのだろうと思ったのです。もしかすると，「わたし」の行動を，身近な問題としてとらえさせようという意図があったのかもしれません。

　子どもたちも何と答えていいかわからなかったのでしょう。挙手したのは1人だけでした。指名されたその子どもは「よかったなあと思いました」と答えました。2人目に指名された子どもも同じ答えです。

　「よかったなあ」の中身は何だったのでしょうか。

　「わたし」がおさむさんに何もいじわるをされなくて「よかったなあ」と思ったのかもしれません。みんなが楽しくブランコに乗れるようになって「よかったなあ」と思ったのかもしれません。

子どもの言葉足らずの発言をそのままにしておいては，授業が深まりません。
　このような場合には，「何を"よかったなあ"と思ったのですか」と切り返せばよかったのです。
　３人目に指名された子どもは，「ぼくだったら？」と教師に問い返しました。何と答えていいかわからなかったのでしょう。素直な子どもです。
　授業者は，このような子どもの反応から学んで，自分の発問のまずさに気づかなくてはなりません。残念ながらこの場面では，子どもの問い返しにうなずいただけでした。いずれにせよ，ここで出された発問は，「学習内容を身近な問題としてとらえさせ，自分の生き方に生かすにはどうしたらよいか」を考えさせるものにはなっていませんでした。
　では，どのような発問をすればよかったのでしょうか。
　次のような発問はどうでしょうか。

発問A　おさむさんにこわい顔でにらまれたのに，「かえしなさいよ。いけないことよ」と強く言えたのはどうしてですか。
発問B　自分だったら，同じ学級の力の強い人や上級生に，ちゃんと注意ができそうですか。
発問C　どうしたら，注意できるようになるのでしょうか。

　発問Aで，自分がいじわるされるかもしれないという恐怖を乗り越えて１年生のために注意することができた「わたし」の勇気に焦点を当てます。この発問によって，子どもたちは，「わたし」の行為のすばらしさに気づきます。
　その後，発問Bをして，できそうだと思えば〇，できそうもないと思えば×を書かせて理由を発表させます。こうすることによって，「わたし」と自分を比べざるを得なくなります。自分にはできそうもないことを「わたし」がしたことに気づいたとき，さらに「わたし」のすばらしさに気づいていくのです。
　そして，発問Cをすれば，一歩踏み出す勇気をもつための気持ちのもち方を考えるようになります。
　このような発問によって，学習内容を身近な問題としてとらえ，自分の生き方に生かすことができるようになるのではないでしょうか。
　授業のまとめでは，

> **CHECK!**
> 教師自身の考えを押しつけないで,子どもの言葉で学びを書かせているかを観る

ことです。このとき大切なのは,子どもに何を書いてほしいのかを,教師自身が「子どもの言葉」で書いておくことです(→65ページ参照)。

しかし,多くの道徳の授業では,感想などを書かせる前に,本時の道徳的価値にかかわる内容を教師が長々と話したり,念を押したりしています。本時のねらいが子どもたちにきちんと伝わったかどうか不安なのでしょう。

このような授業では,教師の価値観の押しつけになってしまいます。

この授業では,最後に次のような指示が出されました。

[指示] 今日は,「よこはいり」という勉強をしました。授業を受けて,思ったこと,新しく気がついたことを書いてください。

そして,子どもたちがどんな内容を書くか,静かに見て回りました。

授業者が余計な説話や教訓めいたことを言わず,子どもに学びを書かせようとしたのはとてもいいことです。

何か言いたくなる気持ちをグッと抑えて,このような指示をしたのでしょう。

初任者とは思えない授業のまとめになりました。

💡 授業を変えるポイント

- 授業の終末では,ここまでの学びを生かして思考させることのできる発問を工夫しましょう。一歩深い理解に導くことができます。
- 授業のまとめは,教師が板書するのではなく,子どもの言葉で学びを書かせましょう。子どもの理解度と授業の良し悪しが見えてきます。

あとがき

　私が教師になってから，30年以上の年月が経っています。
　この30年で，科学の世界では，目覚ましい進歩が起きています。
　ところが，教育の世界は，授業の質があまり変わっていないように思えます。
　なぜ授業の質が向上しないのか。
　これが長年抱えている私の大きな問題意識です。
　この問題を少しでもよい方向に導いていくためには，
「授業の基礎・基本を１人でも多くの教師に身につけてもらう」
ことが不可欠です。
　授業の基礎・基本を身につければ，明日からの授業が変わりはじめます。
　小学生，中学生，高校生，大学生，大学院生，教師。
　だれを対象にした授業であったとしても，質の高い授業ができるようになるのです。
　ある大学院生が，私の顔を見るなり次のように言いました。
　「先生の授業をもう一度受けたいです」
　思考のスイッチの入る授業を体感すると，何度でもその授業を受けたくなるのです。これこそ本当のアクティブ・ラーニングではないでしょうか。

　本書第Ⅳ章の執筆にあたっては，三ツ口葵さんに貴重な授業を提供してもらいました。三ツ口さんは，私の研究室の修了生です。教育実習で厳しい指導をしてきたのですが，いつも前向きにその指導を受け止め，自分の成長の糧としてきた教師です。また，授業の提供を快く許諾していただいた岡崎市立常磐南小学校の山本信幸校長先生にも，深く感謝申し上げます。

　2016年２月

鈴木健二

●著者紹介

鈴木健二（すずき　けんじ）
愛知教育大学教育実践研究科教授
1957年，宮崎県生まれ。公立小学校教諭，指導主事，校長等を経て，現職。大学院では，道徳教育，学級経営の講座を担当し，質の高い授業づくりの実践的研究を進めている。その一つである学級通信分析ゼミには，やる気のある現職教師や大学院生が数多く集まっている。子どもが考えたくなる，実践したくなる道徳授業づくりに定評があり，全国各地の教育委員会や小中学校に招かれ，講演会等を行っている。30年以上前に結成した「日向教育サークル」で代表を務めながら，現在も活動している。
主な研究分野は，「子どもの心に響く道徳教材の開発」「子どもを育てる学級経営」「授業に生かす教科書研究」「信頼性を高める学校経営」「授業づくりの基礎基本の解明」など。
主著に，『社会科指導案づくりの上達法』『ノンフィクションの授業』『授業総合診療医　ドクター鈴木の新人教師の授業診断　あなたの指導　ここをこう見られている…』（以上，明治図書），『教師力を高める──授業づくりの基礎となる20の視点』『必ず成功する！　新展開の道徳授業』（以上，日本標準）など。そのほか，編著書，雑誌論文等多数。
メールアドレス：kenjis@auecc.aichi-edu.ac.jp

思考のスイッチを入れる
授業の基礎・基本

2016年3月25日　第1刷発行

著　者　鈴木健二
発行者　伊藤　潔
発行所　株式会社 日本標準
　　　　〒167-0052　東京都杉並区南荻窪3-31-18
　　　　電話　03-3334-2630［編集］　03-3334-2620［営業］
　　　　http://www.nipponhyojun.co.jp/

印刷・製本　株式会社 リーブルテック

＊乱丁・落丁の場合はお取り替えいたします。
＊定価はカバーに表示してあります。

Ⓒ Kenji Suzuki 2016, Printed in Japan
ISBN 978-4-8208-0602-8